MANUAL DE LIBERACION

Para Obreros Cristianos

Frank Marzullo
Tom Snyder

EDITORIAL
UNILIT

Editorial
DESAFIO

Las citas bíblicas corresponden a la Santa Biblia,
versión Reina Valera, revisión de 1960, Sociedades
Bíblicas Unidas ©

Original publicado en Inglés bajo el título
"Manual for the Deliverance Worker"
© Todos los derechos reservados por el autor.

"MANUAL DE LIBERACION Para Obreros Cristianos"
Edición en Español, © derechos reservados por
"Libros Desafío" Apdo. 29724, Bogotá, Colombia, bajo arreglo
con el autor.

Traducción - Iglesia El Shaddai, Ciudad de Guatemala
Revisión idiomática y de estilo: Pablo Barreto M.D.
                              A.A. 8025 Cali, Colombia
Dibujo Carátula: Fernando Triviño

Impreso en Colombia.

ISBN 958-95462-0-X

IMPRESO EN COLOMBIA
BUENA SEMILLA
Apartado 29724
Bogotá, Colombia

Un Manual de Labores para quien trabaja en el Ministerio de la Liberación

LECTOR: POR FAVOR TOME NOTA:

Si cada una de las cosas que como creyentes
empezamos a hacer y el Espíritu Santo no las inicia
y las dirige, entonces propagamos un Ismael.

El Ministerio de la Liberación deberá
únicamente dar gloria a Dios y no restar
la preeminencia y centralidad
a nuestro vencedor, Cristo, Jesús.

Contenido

Prólogo

En el ministerio cristiano, los hombres maduros son grandes fuentes de sabiduría y entendimiento. Por medio de la predicación, en las enseñanzas y los escritos, se adquiere conocimiento, que se transmite de generación en generación.

Pablo desafió al joven Timoteo con estas palabras: *"Lo que has oído de mí ante muchos testigos, esto encarga a hombres fieles que sean idóneos para enseñar también a otros"* (2 Timoteo 2:2). El rey Salomón escribió el Libro de Proverbios como una fuente de *"inteligencia y cordura a los jóvenes — Oirá el sabio, y aumentará el saber, y el entendido adquirirá consejo"* (Proverbios 1:4-5).

Frank Marzullo cuenta con un ministerio comprobado en la liberación y la guerra espiritual. Se le respeta ampliamente por sus enseñanzas basadas en la Biblia y por la unción de Dios. Los estudiantes inteligentes y los compañeros en la obra pueden aprender mucho de su sabiduría y experiencia. Tom Snyder, el yerno de Frank, es otro "Timoteo" en el ministerio. Estos hombres han unido su conocimiento y habilidad en las comunicaciones para traer este gran aporte al Ministerio de la Liberación.

Este libro provee riqueza y guía práctica para todos aquellos interesados o que planean trabajar o que están activamente comprometidos en ofrecer libertad a los cautivos de espíritus demoníacos. Realmente, "oirá el sabio, y aumentará el saber". **Frank D. Hammond**

Prefacio

Al hacer guerra espiritual debemos mirar todo el cuadro. Nuestro primer objetivo es hacer guerra contra los espíritus territoriales en el segundo cielo. En 2 Corintios 12 Pablo se refiere a un hombre que fue hasta el tercer cielo, al paraíso. Si hay un tercer cielo debe haber también un primero y segundo cielos. El primer cielo que podemos ver incluye las nubes, el sol, la luna y las estrellas. Desde el segundo cielo Satanás dirige su guerra contra naciones, regiones, ciudades, instituciones, hogares e individuos. Podemos ver la prueba de esto en Daniel 10:12-13 donde el ángel Gabriel viene en respuesta a su oración.

"Entonces me dijo: Daniel, no temas; porque desde el primer día que dispusiste tu corazón a entender y a humillarte en la presencia de tu Dios, fueron oídas tus palabras; y a causa de tus palabras yo he venido. Mas el príncipe del reino de Persia se me opuso durante veintiún días; pero he aquí Miguel, uno de los principales príncipes, vino para ayudarme, y quedé allí con los reyes de Persia".

Aquí vemos la guerra en el segundo cielo donde el ángel Gabriel tuvo que luchar contra el príncipe del reino de Persia, que son los principados y poderes territoriales que Satanás ejerce sobre su área.

Frecuentemente la respuesta a nuestras oraciones se demora por la misma razón. Nos toca hacer guerra contra esos espíritus territoriales en el segundo cielo antes de recibirla.

Notemos qué contestó el ángel Gabriel: *"El me dijo: ¿Sabes por qué he venido a ti? Pues ahora tengo que volver para pelear contra el príncipe de Persia; y al terminar con él, el príncipe de Grecia vendrá. Pero yo te declararé lo que está escrito en el libro de la verdad; y ninguno me ayuda contra ellos, sino Miguel vuestro príncipe"* (Daniel 10:20-21).

Entonces, hay guerra constante en el segundo cielo entre las fuerzas malignas de las tinieblas y las huestes celestiales. Nuestras oraciones y las peticiones que hagamos en el nombre de Jesús serán más efectivas si derribamos y destruimos estas fortalezas malignas para alcanzar la victoria.

En Mateo 16:19 Jesús dijo: ". . . y todo lo que atares en la tierra será atado en los cielos; y todo lo que desatares en la tierra será desatado en los cielos". Aquí, Jesús nos da su autoridad para atar los poderes de las tinieblas en el segundo cielo.

Recomiendo dos libros recientes sobre este asunto que describen esta guerra en el segundo cielo: "Tomando nuestras ciudades para Dios", por John Dawson y "Esta patente oscuridad" por Frank E. Peretti.

Oro para que Dios nuestro Padre te bendiga en el estudio de este Manual y que recibas mucha sabiduría para pelear la guerra espiritual.

Frank Marzullo

1

El Ministerio de Liberación

Autoridad Bíblica para Ministrar Liberación

Jesús vino a destruir las obras del diablo, (1 Juan 3:8). También Jesús nos dijo en Su Palabra: "Sígueme".

"El Espíritu del Señor está sobre mí, por cuanto me ha ungido para dar buenas nuevas a los pobres; me ha enviado a sanar a los quebrantados de corazón; a pregonar libertad a los cautivos, y vista a los ciegos; a poner en libertad a los oprimidos" (Lucas 4:18). Aquí Jesús, cita Isaías 61:1-2 y declara su ministerio. Después hizo exactamente lo que proclamó. . . y como discípulos suyos, deberíamos hacer lo mismo.

"De cierto, de cierto os digo: El que en mí cree, las obras que yo hago, él las hará también; y aun mayores hará, porque yo voy al Padre" (Juan 14:12). Esta declaración es dura de entender para la mente humana, pero, si Jesús lo declaró, entonces es un hecho.

Jesús llamó a sus doce *discípulos para que estuviesen con él y les dio autoridad para echar fuera los espíritus inmundos* y para sanar toda enfermedad y dolencia (Mateo 10:1). Esta autoridad no se ha retirado en ningún momento, sino que al contrario, la reenfatizan una y otra vez en otros versículos de la Biblia.

"Y yendo, predicad, diciendo: El reino de los cielos se

ha acercado. Sanad enfermos, limpiad leprosos, resucitad muertos, echad fuera demonios; de gracia recibisteis, dad de gracia" (Mateo 10:7-8). Estas palabras indican que los discípulos mismos habían de recibir sanidad y liberación si iban a dar lo que habían recibido.

"Y estas señales seguirán a los que creen: En mi nombre echarán fuera demonios; hablarán nuevas lenguas. . ." (Marcos 16:17). Nota que la primera señal que sigue a los que creen es "echarán fuera demonios". Esto es el Ministerio de la Liberación. La segunda señal es "hablarán nuevas lenguas". Esto se refiere al Bautismo en el Espíritu Santo. Creo que primero limpiamos la casa, luego pedimos a Jesús que nos bautice en el Espíritu Santo. Este es el orden que nos dio Jesús.

Jesús salió de la sinagoga y fue a casa de Simón. La suegra de Simón tenía una gran fiebre; *y le pidieron a Jesús que la ayudara. E inclinándose hacia ella, reprendió a la fiebre; y la fiebre la dejó,* y levantándose ella al instante, les servía (Lucas 4:38-39). Aquí Jesús nos dio un ejemplo de cómo ministrar. . . reprender la fiebre. ¿Por qué? Pues estaba bajo el control de un espíritu inmundo. Jesús hizo lo mismo en Lucas 13 cuando encontró a la mujer que tenía un espíritu de enfermedad. Primero, Jesús liberó a la mujer de ese espíritu y después puso las manos sobre ella para su sanidad.

"Y descendió con ellos, y se detuvo en un lugar llano, en compañía de sus discípulos y de una gran multitud de gente de toda Judea, de Jerusalén y de la costa de Tiro y de Sidón, que había venido para oirle, y para ser sanados de sus enfermedades; y los que habían sido atormentados de espíritus inmundos eran sanados," (Lucas 6:17-18). Estos y otros versículos indican con claridad que cuando el Señor Jesús echaba fuera los demonios, lo hacía abiertamente, frente a una gran multitud de personas y que muchas enfermedades tienen origen demoníaco.

La Liberación es el Cumplimiento de la Profecía

"Y cuando llegó la noche, trajeron a él muchos endemoniados; y con la palabra echó fuera a los demonios, y sanó a todos los enfermos; para que se cumpliese lo dicho por el profeta Isaías, cuando dijo: El mismo tomó nuestras enfermedades, y llevó nuestras dolencias" (Mateo 8:16-17).

Ejemplo de los Primeros Discípulos

"Y la gente, unánime, escuchaba atentamente las cosas que decía Felipe, oyendo y viendo las señales que hacía. Porque de muchos que tenían espíritus inmundos, salían éstos dando grandes voces; y muchos paralíticos y cojos eran sanados" (Hechos 8:6-8).

"Aconteció que mientras íbamos a la oración, nos salió al encuentro una muchacha que tenía espíritu de adivinación, la cual daba gran ganancia a sus amos, adivinando. Esta, siguiendo a Pablo y a nosotros, daba voces, diciendo: Estos hombres son siervos del Dios Altísimo, quienes os anuncian el camino de salvación. Y esto lo hacía por muchos días; mas desagradando a Pablo, éste se volvió y dijo al espíritu: Te mando en el nombre de Jesucristo, que salgas de ella. Y salió en aquella misma hora" (Hechos 16:16-18).

Cómo y Cuándo los Demonios Entran en las Personas

En el vientre, antes del nacimiento – Ejemplo: a través del rechazo como cuando un padre dice al hijo: "Desearía que nunca hubieras nacido. . .", etc., o el niño cuya madre no quiso quedar embarazada por causa de fornicación, adulterio u otras razones. Estos bebés son sensibles a las condiciones prenatales como lo muestra positivamente Lucas 1:39-44. El bebé de este caso, Juan el Bautista, saltó de gozo en el vientre de Elisabet cuando oyó la salutación de María. Hablaremos de esto más adelante.

El pecado abre la puerta — Hay un demonio en conexión con toda clase de pecado voluntario. Ejemplo: El desobedecer los mandamientos de Dios. Hay muchas cosas que hacemos y no consideramos pecado. La ira es un ejemplo. Sabemos que la ira es una emoción, pero, también puede convertirse en pecado. ¿Cómo? Al no obedecer la Escritura de Efesios 4:26-27. Pablo nos advierte: *"Airaos, pero no pequéis; no se ponga el sol sobre vuestro enojo, ni deis lugar al diablo"*. Si no obedezco esta orden y mantengo la ira durante la noche, podría abrir la puerta para que el espíritu de ira entre y more en mí.

Por las palabras de nuestra boca — Ejemplo: "A mí no me interesa lo que cueste. . . yo quiero a ese hombre". Esto es lo que una joven mujer casada dijo cuando codició a otro hombre. Así se atrapó con las palabras de su boca. Y el dios de este siglo le dio el deseo de su corazón. Pero al mismo tiempo, el espíritu de codicia, que es como la idolatría, entró en ella y fue atormentada hasta que todos estos espíritus se le echaron fuera. Proverbios 6:2 dice: *"Te has enlazado con las palabras de tu boca, y has quedado preso en los dichos de tus labios"*. Los demonios son asignados por medio de las palabras.

La falta de perdón y el resentimiento — *"Entonces su señor, enojado, le entregó a los verdugos, hasta que pagase todo lo que le debía. Así también mi Padre celestial hará con vosotros si no perdonáis de todo corazón cada uno a su hermano sus ofensas"* (Mateo 18:34-35). Como ves, si no perdonas, Dios te enviará con los verdugos. ¿Quiénes son estos verdugos? Demonios, espíritus inmundos. Recuerda, Dios siempre está en control, pero El te permitirá ser atacado por causa de tu desobediencia a Su Palabra. Al no perdonar, inadvertidamente dices: "Jesús, tú perdonaste a todos cuando estuviste en la cruz, aun a los que te clavaron en ella. Pero soy mejor que tú, no perdonaré". Al hacer esto, haces un ídolo de ti mismo, e invitas al espíritu de auto-idolatría a entrar en ti. Perdonar es olvidar y volver a amar. Nuestro Padre Celestial perdona

y no vuelve a acordarse de nuestros pecados y nos ama.
Los discípulos de Cristo deben hacer lo mismo, por medio
de Su capacidad, que trabaja mediante la gracia en nosotros, si nos rendimos a El.

El pecado de nuestros antecesores — *"No te inclinarás
a ellas (ídolos o imágenes), ni las honrarás; porque yo soy
Jehová tu Dios, fuerte, celoso, que visito la maldad de los
padres sobre los hijos hasta la tercera y cuarta generación
de los que me aborrecen"* (Exodo 20:5). Nota también en
Exodo 34:7: *". . .que guarda misericordia a millares, que
perdona la iniquidad, la rebelión y el pecado, y que de
ningún modo tendrá por inocente al malvado; que visita
la iniquidad de los padres sobre los hijos y sobre los hijos
de los hijos, hasta la tercera y cuarta generación"*.

Los demonios, consecuentemente, obtendrán terreno
legal para oprimir a las personas. Dios repudia el pecado
oculto. El es un Dios celoso. Su nombre es Celoso. El no
compartirá su novia con ningún otro dios. Cuando la
gente se compromete en cualquier forma de ocultismo,
cae en adulterio espiritual con otros dioses. Dios nos
advierte aquí que no nos comprometamos con ningún otro
dios. Algunas personas dicen: "No sabía acerca de este
versículo. No sabía que estaba mal". Oseas 4:6 dice: *"Mi
pueblo fue destruido, porque le faltó conocimiento. Por
cuanto desechaste el conocimiento, yo te echaré del sacer-
docio; y porque olvidaste la ley de tu Dios, también yo me
olvidaré de tus hijos"*. Ves, amada familia, estamos en el
corazón de Dios. Los espíritus inmundos también están
en nuestra línea sanguínea y vienen de generación en
generación.

Cuando vemos algo como el cáncer o problemas cardíacos o cualquier otra cosa que se sucede de generación en
generación, entonces, buscamos la maldición en la línea
sanguínea. Ordenamos a los espíritus que entraron por
medio de esa maldición heredada, que salgan en el nombre de Jesús.

Amuletos, falsas "curas" o maleficios — *"El entregará*

*sus reyes en tu mano, y tú destruirás el nombre de ellos
de debajo del cielo; nadie te hará frente hasta que los
destruyas. Las esculturas de sus dioses quemarás en el
fuego; no codiciarás plata ni oro de ellas para tomarlo
para ti, para que no tropieces en ello, pues es abominación
a Jehová tu Dios"* (Deuteronomio 7:24-25). En la versión
King James en la Biblia en inglés dice: "Y si tomas
cualquiera de estas cosas malditas dentro de tu casa, tú
serás una cosa maldita como ellas". El diablo tiene el
derecho de visitar a aquellos que usan su signo, ya sea
que lo cuelgues en las paredes de tu casa o lo lleves en tu
propio cuerpo. Cuando estuvimos en Italia, le pregunta-
mos a alguna gente: "¿Por qué llevan esa cruz o ese cuerno
torcido? (Es un amuleto italiano usado para evitar el "mal
de ojo". Los egipcios usaban este amuleto para aumentar
la fertilidad. Los irlandeses lo usan para simbolizar la
vara de leprechaun, un duende remendón dueño de un
tesoro escondido) o cualquiera que fuese el objeto que
llevaran al cuello". Si la respuesta era: "Para proteger-
me", entonces les decíamos que se había convertido en
un amuleto para ellos. Los seguidores de Cristo estamos
protegidos por la Sangre del Cordero y la palabra de
nuestro testimonio. Sin embargo, aun una cruz puede ser
un amuleto si lo llevamos por razones equivocadas.

*Hemos cometido el pecado de estar en compromiso con
el ocultismo para unirnos y/o estudiar las formas de
mezclarnos en algún culto si hemos estado implicados en
alguno de los siguientes:*

1. OCULTISMO: Juegos ocultos, Calabozos y Dragones,
   Tabla Ouija, Cartas de Tarot (Cartomancia), Quiro-
   mancia (lectura de la palma), Análisis de la escritura,
   Escritura automática, Percepción Extrasensorial,
   Hipnotismo, Astrología, Horóscopos, Signo Zodiacal,
   Levitación, Consultas de la Fortuna, Brujería del
   Agua, Magia Negra, Magia Blanca, Conjuros, Encan-
   tamientos, Hechizos, Amuletos, Fetichismos, Sante-
   ría, Satanismo, etc.

2. TODAS LAS SECTAS: como Hare-Krishna, Testigos de Jehová, Ciencia Cristiana, Rosacrucismo, Teosofía, Urantia, Subud. Latihan, Unidad, Mormonismo, Bahaismo, Unitarismo, (y todos los Clubes, Sociedades y agencias sociales que usan la Biblia y a Dios como base, pero, omiten la sangre redentora de Jesús).

"Cuando entres a la tierra que Jehová tu Dios te da, no aprenderás a hacer según las abominaciones de aquellas naciones. No sea hallado en ti quien haga pasar a su hijo o a su hija por el fuego, ni quien practique adivinación, ni agorero, ni sortílego, ni hechicero, ni encantador, ni adivino, ni mago, ni quien consulte a los muertos. Porque es abominación para con Jehová cualquiera que hace estas cosas, y por estas abominaciones Jehová tu Dios echa estas naciones de delante de ti. Perfecto serás delante de Jehová tu Dios" (Deuteronomio 18:9-13).

Calabozos y Dragones, el juego que es tan fascinante para nuestra gente joven, ha matado a muchos al engañar a través del suicidio y el asesinato. La Tabla Ouija es uno de los juegos más demoníacos que se venden en América. La puerta para el espiritismo, espiritualismo, hechicería, necromancia y para muchos otros espíritus, se abre de par en par al jugar con estos juegos.

Lo más nuevo y reciente del diablo es el movimiento Nueva Era. En realidad, es el antiguo Hinduismo vuelto a entibiar. Este enseña la reencarnación, canalización, visualización, evolucionismo, misticismo del oriente, humanismo, globalismo y futurismo. La canalización es ser poseído por un espíritu demoníaco como guía. La visualización es lo que la mente puede concebir y lo que creerá. El globalismo es que todos somos uno. Futurismo es: "olvídese del pasado, el mundo empieza para usted ahora". El usar cristales, otra forma de amuleto usados como instrumentos de poder. El resto se explica por sí solo.

El señuelo del ocultismo es muy fuerte. El demonio nos atrae con un señuelo en la forma como el pescador atrae al pez. Santiago 1:12-15: *"Bienaventurado el varón que soporta la tentación; porque cuando haya resistido la prueba, recibirá la corona de vida, que Dios ha prometido a los que le aman. Cuando alguno es tentado, no diga que es tentado de parte de Dios; porque Dios no puede ser tentado por el mal, ni él tienta a nadie; sino que cada uno es tentado, cuando de su propia concupiscencia es atraído y seducido. Entonces la concupiscencia, después que ha concebido, da a luz el pecado; y el pecado, siendo consumado, da a luz la muerte".* Tú sabes que hay un poder que permite mover cosas con la mente. El diablo tiene esta clase de poder. Pídele a él, el dios de este mundo, y podrás recibir el deseo maligno de tu corazón.

"Oye, pues, ahora esto, mujer voluptuosa, tú que estás sentada confiadamente, tú que dices en tu corazón: Yo soy, y fuera de mí no hay más; no quedaré viuda, ni conoceré orfandad. Estas dos cosas te vendrán de repente en un mismo día, orfandad y viudez; en toda su fuerza vendrán sobre ti, a pesar de la multitud de tus hechizos y de tus muchos encantamientos. Porque te confiaste en tu maldad, diciendo: Nadie me ve. Tu sabiduría y tu misma ciencia te engañaron, y dijiste en tu corazón: Yo, y nadie más. Vendrá, pues, sobre ti mal, cuyo nacimiento no sabrás; caerá sobre ti quebrantamiento, el cual no podrás remediar; y destrucción que no sepas vendrá de repente sobre ti. Estate ahora en tus encantamientos y en la multitud de tus hechizos, en los cuales te fatigaste desde tu juventud; quizá podrás mejorarte, quizá te fortalecerás. Te has fatigado en tus muchos consejos. Comparezcan ahora y te defiendan los contempladores de los cielos, los que observan las estrellas, los que cuentan los meses, para pronosticar lo que vendrá sobre ti. He aquí que serán como tamo; fuego los quemará, no salvarán sus vidas del poder de la llama; no quedará brasa para calentarse, ni lumbre a la cual se sienten. Así te serán aquellos con quienes te fatigaste, los que traficaron contigo desde tu juventud; cada uno irá por su camino, no habrá

quien te salve" (Isaías 47:8-15).

"Mas los perros estarán fuera, y los hechiceros, los fornicarios, los homicidas, los idólatras, y todo aquel que ama y hace mentira" (Apocalipsis 22:15).

¿Puede un Cristiano estar endemoniado?

Puesto que eres una nueva creación en Cristo, hecha nueva por el nuevo nacimiento de tu espíritu (2 Corintios 5:17), y tu espíritu ha sido sellado con el Espíritu Santo de la promesa (Efesios 1:13 y 4:30), *eres un hijo de Dios* y la liberación de los demonios es "el pan de los hijos," Mateo 15:22-28: *"Y he aquí una mujer cananea que había salido de aquella región clamaba, diciéndole: ¡Señor, Hijo de David, ten misericordia de mí! Mi hija es gravemente atormentada por un demonio. 23: Pero Jesús no le respondió palabra. Entonces acercándose sus discípulos, le rogaron, diciendo: Despídela, pues da voces tras nosotros. 24: El respondiendo, dijo: No soy enviado sino a las ovejas perdidas de la casa de Israel. 25: Entonces ella vino y se postró ante él, diciendo: ¡Señor, socórreme! 26: Respondiendo él, dijo: No está bien tomar el pan de los hijos, y echarlo a los perrillos. 27: Y ella dijo: Sí, Señor; pero aun los perrillos comen de las migajas que caen de la mesa de sus amos. 28: Entonces respondiendo Jesús, dijo: Oh mujer, grande es tu fe; hágase contigo como quieres. Y su hija fue sanada desde aquella hora".*

Los diferentes aspectos en los templos de los israelitas (construidos en tres partes:

      1) el lugar santísimo,
      2) el lugar santo, y
      3) el atrio),

han sido usados en las Escrituras como un tipo del hombre, que tiene también tres partes:

      1) espíritu
      2) alma y
      3) cuerpo.

La presencia de Dios que mora en el Lugar Santísimo según Efesios 1:13 y 4:30, corresponde al espíritu del hombre; nuestras mentes (almas) corresponden al Lugar Santo y nuestros cuerpos corresponden al Atrio. Jesús echó fuera a los infractores de los atrios del templo de Jerusalén. Mateo 21:12-13: *"Y entró Jesús en el templo de Dios, y echó fuera a todos los que vendían y compraban en el templo, y volcó las mesas de los cambistas, y las sillas de los que vendían palomas; 13: y les dijo: Escrito está: Mi casa, casa de oración será llamada; mas vosotros la habéis hecho cueva de ladrones"*. Así como Jesús llegó a un templo que estaba corrompido y contaminado y echó fuera a aquellos que corrompían el templo de Dios, también nosotros necesitamos tener limpio nuestro templo por medio del ministerio de la liberación. Nuestro cuerpo, que es el atrio de nuestro templo, necesita liberación. Y también nuestra alma, nuestra mente, que son el Lugar Santo, necesitan ser liberadas y venir a la obediencia de Cristo Jesús como Pablo dice en 2 Corintios 10:4-5.

Los doce discípulos enviados por Jesús, probablemente recibieron liberación primero, pues, Jesús dijo que *ellos debían dar lo que antes habían recibido"* (Mateo 10:7-8).

La declaración de Pedro en Mateo 16:16, Simón Pedro respondió: *"Tú eres el Cristo, el Hijo del Dios Viviente"*, fue seguida por un problema satánico. Mateo 16:23: *"Pero él, volviéndose, dijo a Pedro: ¡Quítate de delante de mí, Satanás!; me eres tropiezo, porque no pones la mira en las cosas de Dios, sino en las de los hombres"*. El espíritu que motivó a Pedro la primera vez, fue el Espíritu del Dios Viviente. El espíritu que motivó a Pedro cuando Jesús le dijo: "Quítate de delante de mí, Satanás", ciertamente no fue el mismo espíritu, sino el del diablo. Pedro tenía un conflicto en sí. También nosotros podemos tener un conflicto en nosotros mismos.

1 Timoteo 4:1: *"Pero el Espíritu dice claramente que en los postreros tiempos algunos apostatarán de la fe, escuchando a espíritus engañadores y a doctrinas de demo-*

nios". Es obvio que los demonios están activos en la iglesia. Considera la maravillosa liberación de opresión demoníaca que James Robison experimentó, después que luchó por muchos años en su vida y ministerio.

Esto contrasta con problemas que surgieron recientemente con algunos evangelistas de televisión. El orgullo y los prejuicios doctrinales impiden que los hombres reciban liberación de Dios. La liberación de Dios está disponible mediante el Espíritu Santo que trabaja por medio de los miembros del Cuerpo de Cristo.

Otra indicación de cómo los creyentes pueden ser oprimidos por demonios se da en Hechos 5:3: *"Y dijo Pedro: Ananías, ¿por qué llenó Satanás tu corazón para que mintieses al Espíritu Santo, y sustrajeses del precio de la heredad?"*.

Pablo dice en Efesios 4:26: *"Airaos, pero no pequéis; no se ponga el sol sobre vuestro enojo"*, 27: *"ni deis lugar al diablo"*. Aquí dar lugar significa que un demonio puede entrar en un individuo y después de esto ejercer pensamientos de opresión que conducirán a pensamientos y acciones pecaminosas.

En ninguna parte de las Escrituras dice que un cristiano puede o no puede estar endemoniado. Sin embargo, la evidencia pesa *fuertemente* a favor de los demonios en que pueden afectar la mente y el cuerpo pero, no al espíritu regenerado (el lugar Santísimo donde Dios mora). Recuerda, la mente y el cuerpo no nacen de nuevo instantáneamente, como el espíritu, pero la mente se transforma más despacio. El cuerpo se renovará en la segunda venida del Señor. Ver Mateo 7:21-23 para indicar cómo podemos no ser agradables a Dios.

Debemos guardarnos contra prejuicios religiosos del pasado, que pueden evitar que nosotros o los demás recibamos esta bendición de Cristo que claramente ha liberado a miles de cristianos que luchan contra la opresión.

2

La Necesidad de Liberación

¿Quién Puede Necesitar Liberación?

Los que experimentan cualquiera de los siguientes puntos:

1. Si fuiste concebido en fornicación o en adulterio.
2. Si no fuiste deseado en el momento de la concepción o mientras tu madre estaba embarazada de ti.
3. Si tu madre tuvo un embarazo con complicaciones.
4. Si tu madre tuvo un parto difícil o largo.
5. Si tu madre estuvo muy deprimida durante tu embarazo.
6. Si tu madre murió al darte a luz o si tu padre o madre murieron en los primeros años de tu vida.
7. Si fuiste colocado en incubadora, si te faltó oxígeno al nacer o si naciste con la ayuda de instrumentos quirúrgicos, especialmente fórceps en la cabeza.
8. Si tus padres se separaron o divorciaron antes que fueras adulto.
9. Si tuviste una niñez con invalidez o defectos.
10. Si eres huérfano o si tu padre o madre te abandonaron.
11. Si fuiste tratado cruelmente o abusado, violado o acariciado.

12. Si tienes recuerdos dolorosos.

13. Si deseas nunca haber nacido.

14. Si deseas estar muerto.

15. Si hay un historial de enfermedad en tu línea sanguínea, ejemplo: cáncer, diabetes.

16. Si has sido maldecido o tienes maldiciones en tu línea sanguínea.

17. Si tienes un hábito incontrolable y has probado oraciones, ayuno y un firme esfuerzo de parte de tu voluntad pero, sin lograr nada.

18. Si tienes algún miedo persistente o incontrolable de cualquier tipo.

19. Si sufres rechazo, depresión, soledad, desesperanza, desesperación, pensamientos suicidas, etc.

20. Si tienes un constante deseo de ser abrazado.

21. Si no quieres que te toquen.

22. Si estás obsesionado por deseos sexuales o si eres anormalmente frígido.

23. Si te disgusta el sexo opuesto o tu propio sexo.

24. Si sientes culpa o condenación.

25. Si encuentras difícil perdonar a alguien, ejemplo: Padre, madre, cónyuge, ex-cónyuge, pariente, niño, jefe, a ti mismo. Nota: Este problema es a menudo un problema de 2 Corintios 10:5 sumado a una necesidad de liberación.

26. Si tienes resentimientos contra Dios, ejemplo: "Dios, ¿por qué permitiste que me sucediera esto?"

27. Si viviste en una zona de guerra o estuviste en combate.

28. Si alguien muy cercano a ti murió, especialmente si fue una muerte trágica y de repente.

29. Si viste morir a alguien, ser asesinado, si viste ocurrir un accidente o si tú estuviste en un accidente.

30. Si constantemente estás enojado, tímido, avergonzado o huraño.

31. Si eres temeroso de los demonios o del ministerio de liberación.

32. Si eres homosexual, lesbiana, transexual, travestista o si frecuentemente eres tentado a serlo o si te has enredado en una relación adúltera o alguna clase de perversión sexual.

33. Si alguna vez participaste tú o tu familia en lo oculto o adoración satánica (o aun astrología), control de la mente, tabla ouija, cartas del tarot.

34. Si alguna vez estuviste en una secta religiosa o para-religiosa o una religión falsa.

35. Si alguna vez has tenido un aborto o participaste en uno.

36. Si has visto películas o televisión que te indujo a temores, lujuria, etc.

37. Si compulsivamente dejas que los pecados de la carne que detestas te dominen y no puedes vivir libre de: homosexualismo, adulterio, mentiras, deseo de maldecir a Dios, alcoholismo, drogadicción, fumar, deseo de destruir Biblias, ira, música rock, deseos de suicidio.

38. Si no puedes progresar de cierto punto en la vida espiritual.

39. Si tu vida ha empeorado desde que llegaste a ser cristiano o si los problemas se han intensificado.

40. Si al leer la Biblia te distraes o si al leerla te parece que te condena (opuesto a la culpa sana que te guía a arrepentirte de los pecados reales).

41. Si has sentido la presencia del mal a tu alrededor.

42. Si sientes algunas veces una fuerza que te controla o si te sientes diferente (extraño).

43. Si alguna vez has tenido alguna experiencia de salir del cuerpo.

44. Si tienes pesadillas o sueños que se hacen realidad o

sueños clarividentes. (Orar antes de acostarse puede solucionar este problema).

45. Si tienes un deseo compulsivo de maldecir al Padre, al Señor Jesucristo o al Espíritu Santo.

46. Si tienes pensamientos de suicidio, asesinato, ira incontrolada o sentimientos hostiles.

47. Si tienes sentimientos profundos de amargura u odio hacia alguna persona o grupo sin razón lógica ejemplo: judíos, la Iglesia, líderes cristianos.

48. Si tienes deseos compulsivos de destruir a otras personas, aunque tengas que mentir, si tienes una lengua mordaz (Satanás tratará de que ataques a alguien que él pueda atrapar en un problema).

49. Si sientes culpa aun después de haber confesado sinceramente tus pecados y errores al Señor.

50. Si algunos síntomas aparecen de repente y pasan, por lo que no se encuentra causa médica: a) temblor, b) dolores inexplicables, c) sensación de tirantez en la cabeza u ojos, d) zumbidos, vértigos, mareos, pérdida del conocimiento.

51. Si frecuentemente estás deprimido.

52. Si tienes terror, pánico o miedos anormales.

53. Si constantemente dudas de tu salvación, aun cuando sentiste el gozo de tu salvación.

Los diferentes caminos para la liberación son provistos por Dios

1. *Estando bajo la soberanía de Dios,* aceptando la vida y dominio del Reino para nuestras almas y para nuestro hombre interior.

2. *El envió Su Palabra, y los sanó, y los libró de su ruina* (Salmo 107:20).

3. *Todo aquel que invocare el nombre del Señor, será salvo,* liberado, sanado, hecho nuevo (Romanos 10:13).

4. *Someteos, pues, a Dios; resistid al diablo, y huirá de vosotros* (Santiago 4:7).

5. *Al llevar todo pensamiento cautivo,* esto es, hacer que nuestra vida de pensamiento se conforme con los pensamientos del Espíritu Santo y la Palabra de Dios (obediencia a Cristo).

6. *Durante los momentos de alabanza a Dios y adoración,* a menudo somos libertados de espíritus inmundos. Salmo 149:6-9: *"Exalten a Dios con sus gargantas, y espadas de dos filos en sus manos, para ejecutar venganza entre las naciones, y castigo entre los pueblos; para aprisionar a sus reyes con grillos, y a sus nobles con cadenas de hierro; para ejecutar en ellos el juicio decretado; gloria será esto para todos sus santos. Aleluya".*

7. *"En mi nombre echarán fuera demonios"* (Marcos 16:17).

¿De Dónde Vienen los Demonios?

De Lucero (el diablo, Satanás) y una tercera parte de los ángeles que fueron echados del cielo (Isaías 14:12-15; Ezequiel 28:11-19; Apocalipsis 12:4). (Nota: En la versión King James de la Biblia en inglés no es correcta la traducción de la palabra demonios al referirse a ellos como diablos). En Isaías 14:12-15 dice que Dios hizo un ángel bello, lo llamó Lucero o hijo de la mañana. El era el ángel más resplandeciente del cielo. Nota en la Escritura cuántas veces Lucero dice: "Yo haré".

"¡Cómo caíste del cielo, oh Lucero, hijo de la mañana! Cortado fuiste por tierra, tú que debilitabas a las naciones. Tú que decías en tu corazón: Subiré al cielo; en lo alto, junto a las estrellas de Dios, levantaré mi trono, y en el monte del testimonio me sentaré, a los lados del norte; sobre las alturas de las nubes subiré, y seré semejante al Altísimo. Mas tú derribado eres hasta el Seol, a los lados del abismo".

Cinco veces Lucero habla de lo que hará. Cuando hacemos nuestra voluntad en vez de la voluntad de Dios, entonces podríamos estar haciendo la voluntad del diablo. Uno de los rasgos del carácter de Lucero es el de hacer su propia voluntad, su rechazo a la dependencia de Dios. En contraste, Jesús dijo y continuamente practicó y enseñó que debíamos tener otra actitud: "No mi voluntad, pero la voluntad de mi Padre celestial sea hecha". Nuestro Dios nunca domina nuestro libre albedrío. Escogemos hacer nuestra voluntad o la voluntad del Padre, como lo hizo Jesús. Satanás siempre trata de reemplazar a Dios en nuestras vidas. Esto significa exaltarse a sí mismo más que a Dios. Cuando obramos independientemente, al hacer nuestra voluntad o al entrar en algún tipo de idolatría, ocultismo o actos de perversión, adoramos a Satanás.

También en Ezequiel 28:11-19 vemos una descripción de Lucero, un bello ángel. Aquí se nos muestra como el Rey de Tiro. *"Vino a mí palabra de Jehová, diciendo: Hijo de hombre, levanta endechas sobre el rey de Tiro, y dile: Así ha dicho Jehová el Señor: Tú eras el sello de la perfección, lleno de sabiduría, y acabado de hermosura. En Edén, en el huerto de Dios estuviste; de toda piedra preciosa era tu vestidura: de cornerina, topacio, jaspe, crisólito, berilo y ónice; de zafiro, carbunclo, esmeralda y oro; los primores de tus tamboriles y flautas estuvieron preparados para ti en el día de tu creación. Tú, querubín grande, protector, yo te puse en el santo monte de Dios, allí estuviste; en medio de las piedras de fuego te paseabas. Perfecto eras en todos tus caminos desde el día que fuiste creado, hasta que se halló en ti maldad. A causa de la multitud de tus contrataciones fuiste lleno de iniquidad, y pecaste; por lo que yo te eché del monte de Dios, y te arrojé de entre las piedras del fuego, oh querubín protector. Se enalteció tu corazón a causa de tu hermosura, corrompiste tu sabiduría a causa de tu esplendor; yo te arrojaré por tierra; delante de los reyes te pondré para que miren en ti.*

Con la multitud de tus maldades y con la iniquidad de tus contrataciones profanaste tu santuario; yo, pues, saqué fuego de en medio de ti, el cual te consumió, y te puse en ceniza sobre la tierra a los ojos de todos los que te miran. Todos los que te conocieron de entre los pueblos se maravillarán sobre ti; espanto serás, y para siempre dejarás de ser".

Por la grandeza de su orgullo, por su belleza, esplendor, significado de gran inteligencia, su caída es inevitable. Caminó entre las piedras preciosas del Reino Celestial hasta cuando se halló en él la rebelión. Entonces se le expulsó junto con un tercio de los ángeles del cielo, (Apocalipsis 12:4). Recuerda que el diablo no ha perdido su inteligencia o ninguno de sus dones. Los posee ahora y utiliza sus dones para engañar y seducir al incauto, aun aquellos que pertenecen al Reino de Dios. Puede sanar, puede revelar. Pero al hacerlo, exige una parte de la persona que recibió sus dones. Esto explica por qué muchos de estos curanderos psíquicos tienen un aparente éxito. Obran bajo el poder de Satanás.

¿Cómo Podemos Derrotar a los Demonios?

Jesús usó *el poder del Espíritu Santo*. Estamos llamados a hacer lo mismo. El dijo: *"Pues si yo echo fuera los demonios por Beelzebú, ¿vuestros hijos por quién los echan?. . . Mas si por el dedo de Dios echo yo fuera los demonios, ciertamente el reino de Dios ha llegado a vosotros".* Este poder, la fe y el discernimiento vienen a nosotros por medio del Bautismo en el Espíritu Santo (1 Corintios 12:10).

Jesús usó *las Escrituras*. Citamos las Escrituras como lo hizo Jesús en Lucas 4:3-13, 18. Cuando el diablo vino a tentar a Jesús luego de haber ayunado cuarenta días y cuarenta noches. El diablo le dijo: *"Si eres Hijo de Dios, di a esta piedra que se convierta en pan. Jesús, respondiéndole, dijo: Escrito está: No sólo de pan vivirá el hombre, sino de toda palabra de Dios. Y le llevó el diablo a un alto monte, y le mostró en un momento todos los reinos de la tierra. Y le dijo el diablo: A ti te daré toda esta potestad, y la gloria de ellos; porque a mí me ha sido entregada, y a quien quiero la doy. Si tú postrado me adorares, todos serán tuyos. Respondiendo Jesús, le dijo: Vete de mí, Satanás, porque escrito está: Al Señor tu Dios adorarás, y a él solo servirás. Y le llevó a Jerusalén, y le puso sobre el pináculo del templo, y le dijo: Si eres Hijo de Dios, échate de aquí abajo; porque escrito está: A sus ángeles mandará acerca de ti, que te guarden: y, en las manos te sostendrán, para que no tropieces con tu pie en piedra. Respondiendo Jesús, le dijo: Dicho está: NO tentarás al Señor tu Dios. Y cuando el diablo hubo acabado toda tentación, se apartó de él por un tiempo".*

Cada vez que el diablo trató con otra tentación, Jesús citó la Palabra de Dios. Nosotros debemos hacer lo mismo. Cuando alguien profiera una palabra de maldad contra nosotros, citemos Isaías 54:17: *"Ninguna arma forjada contra ti prosperará, y condenarás toda lengua que se levante contra ti en juicio. Esta es la herencia de los siervos de Jehová, y su salvación de mí vendrá, dijo Jehová".*

Cuando el diablo quiere colocar miedo en nosotros, citamos: 2 Timoteo 1:7: *"Porque no nos ha dado Dios espíritu de cobardía, sino de poder, de amor y de dominio propio".* Peleamos contra el diablo al citar la Palabra de Dios. Recuerda que si el diablo tentó a Jesús, él ciertamente vendrá contra ti. Debemos conocer la Palabra de Dios y usarla.

Por la sangre del Cordero. Satanás no nos puede condenar por nuestros pecados, porque ellos fueron expiados por la sangre de Cristo. Ya no somos culpables y no estamos más bajo la autoridad del maligno.

Por la palabra de nuestro testimonio. Hemos puesto toda nuestra confianza en Cristo para SALVACION y para la total liberación de SATANAS.

Por la rendición total de nuestras vidas a Dios. Apocalipsis 12:11: *"Y ellos le han vencido por medio de la sangre del Cordero y de la palabra del testimonio de ellos, y menospreciaron sus vidas hasta la muerte".*

Por llevar nuestros pensamientos cautivos según dice en 2 Corintios 10:3-5: *"Pues aunque andamos en la carne, no militamos según la carne; porque las armas de nuestra milicia no son carnales, sino poderosas en Dios para la destrucción de fortalezas, derribando argumentos y toda altivez que se levanta contra el conocimiento de Dios, y llevando cautivo todo pensamiento a la obediencia a Cristo".*

Los demonios son enviados a oprimir a los santos y nos hablan en nuestros pensamientos en primera persona singular: yo, mí, mío.

Se disfrazan y nos hacen creer que sus ideas o pensamientos son nuestros.

Por la autoridad que nos ha sido dada en Cristo. Jesús dijo: *"He aquí os doy potestad de hollar serpientes y escorpiones, y sobre toda fuerza del enemigo, y nada os dañará"* (Lucas 10:19).

Y El dijo: *"Y estas señales seguirán a los que creen: En mi nombre echarán fuera demonios; hablarán nuevas lenguas; tomarán en las manos scrpientes, y si bebieren cosa mortífera no les hará daño; sobre los enfermos pondrán sus manos, y sanarán"* (Marcos 16:17-18).

Pablo le dijo a los romanos: *"Y el Dios de paz aplastará en breve a Satanás bajo vuestros pies. La gracia de nuestro Señor Jesucristo sea con vosotros"* (Romanos 16:20).

Por medio de la guerra espiritual. Efesios 6:10-12: *"Por lo demás, hermanos míos, fortaleceos en el Señor, y en el poder de su fuerza. Vestíos de toda la armadura de Dios, para que podáis estar firmes contra las asechanzas del diablo. Porque no tenemos lucha contra sangre y carne, sino contra principados, contra potestades, contra los gobernadores de las tinieblas de este siglo, contra huestes espirituales de maldad en las regiones celestes".*

Por medio de la oración intercesora. *"Y de igual manera*

el Espíritu nos ayuda en nuestra debilidad; pues qué hemos de pedir como conviene, no lo sabemos, pero el Espíritu mismo intercede por nosotros con gemidos indecibles" (Romanos 8:26).

Por medio de atar y desatar. "*Y a ti te daré las llaves del reino de los cielos; y todo lo que atares en la tierra será atado en los cielos; y todo lo que desatares en la tierra será desatado en los cielos"* (Mateo 16:19).

"*De cierto os digo que todo lo que atéis en la tierra, será atado en el cielo; y todo lo que desatéis en la tierra, será desatado en el cielo"* (Mateo 18:18).

Por medio de la acción de gracias, la alabanza y la adoración. 1 Tesalonicenses 5:18: "*Dad gracias en todo, porque esta es la voluntad de Dios para con vosotros en Cristo Jesús".*

¿A Dónde Van los Demonios y Cómo se Manifiestan Cuando se Echan Fuera?

Mateo 12:43-45: "*Cuando el espíritu inmundo sale del hombre, anda por lugares secos, buscando reposo, y no lo halla. Entonces dice: Volveré a mi casa de donde salí; y cuando llega, la halla desocupada, barrida y adornada. Entonces va, y toma consigo otros siete espíritus peores que él, y entrados, moran allí; y el postrer estado de aquel hombre viene a ser peor que el primero. Así también acontecerá a esta mala generación".*

Recuerda que Jesús sólo enviaba FUERA a los demonios. Sólo en una ocasión le pidieron permiso para entrar al hato de cerdos y Jesús consintió. ¿Qué sucedió con los espíritus luego de caer al mar? Probablemente todavía estaban en el mismo lugar buscando otros cuerpos que habitar, (Marcos 5:1-13). Nuestra responsabilidad es hacer como Cristo hizo, esto es, echarlos fuera. A dónde son enviados finalmente, no es nuestra responsabilidad, sino de Dios.

¿Cómo es que salen los demonios? "*Pero había en la*

sinagoga de ellos un hombre con espíritu inmundo, que dio voces, diciendo: ¡Ah! ¿qué tienes con nosotros, Jesús nazareno? ¿Has venido para destruirnos? Sé quién eres, el Santo de Dios. Pero Jesús le reprendió, diciendo: ¡Cállate, y sal de él! Y el espíritu inmundo, sacudiéndole con violencia, y clamando a gran voz, salió del él" (Marcos 1:23-26).

Existe solamente un Espíritu puro, que es, el Espíritu Santo. Cualquier otro espíritu o demonio es del diablo. . . inmundo. Jesús hablaba a un hombre, pero los demonios que contestaron a Jesús dijeron: "Déjanos solos". Esto indica que había muchos más espíritus o demonios en ese hombre. Los espíritus en este hombre conocían quién era Jesús aun antes que los discípulos recibieran la revelación que Jesús era el Hijo del Dios Viviente. Jesús dijo a estos espíritus inmundos que se callaran y salieran. Entonces los espíritus convulsionaron o sacudieron al hombre violentamente y salieron con un chillido o grito fuerte. Hubo resistencia. . . lucha. Debido a que los espíritus vivían en ese hombre. . . esa casa. . . no querían salir de ella. Cuando echamos fuera espíritus inmundos, tomamos la autoridad sobre ellos dada a nosotros por Jesús en Lucas 10:19: *"He aquí os doy potestad de hollar serpientes y escorpiones, y sobre toda fuerza del enemigo, y nada os dañará"*. Le decimos a las personas que ministramos que si sienten deseos de llorar en voz alta o de gritar, que deben usar su voluntad y tomar aliento profundo y dejar que salgan silenciosamente en vez de gritar. Le ordenamos a los demonios que salgan calladamente en la respiración.

La palabra para espíritu en griego es "Pneuma". Esta palabra es la raíz para varias palabras como pneumonía y pneumático y se refieren al aliento, aire o viento. Los espíritus no son seres físicos pero sí frecuentemente hablan o actúan a través de una persona mientras son echados fuera. Tales manifestaciones son expresiones que implican el aliento, como: gritar, toser, llorar, eructar, sofocarse, jadear, gemir, quejarse, estornudar, bostezar, intentar vomitar, etc. De todas maneras, le decimos a las personas que respiren profundamente y que dejen salir el aire cuando ordenamos a los demonios que salgan de ellas. Si tratan de violentarse o hacer un gran ruido, les ordenamos que se callen. *De ninguna manera* permitimos que los demonios controlen una sesión de liberación o que llamen la atención.

Algunos signos visuales de manifestaciones demoníacas durante la liberación:

1. Mirada furtiva. . . la persona encuentra difícil abrir los ojos. Podría indicar un espíritu de lujuria de los ojos o pornografía.

2. Goteo en la nariz. . . usualmente indica un espíritu de lujuria.

3. Ojos que se dan vuelta dentro de las órbitas. . . indica alguna forma de ocultismo o hechicería.

4. Mirada vidriosa. . . ocultismo o posesión demoníaca.

5. Manos en forma de garra. . . animal, hechicería o asesinato.

6. Rigidez o tiesura en las manos, dedos o piernas; indica un espíritu de masturbación.

7. La lengua que entra y sale de la boca. . . espíritu de serpiente o pitón. . . o sexo oral, homosexualismo, lesbianismo, depravación.

8. Risa o sonrisa en los labios. . . un espíritu burlón.

3

El Problema del Rechazo

El rechazo es la ausencia o la percepción de la ausencia de amor significativo, en otras palabras, aceptación incondicional.

Esto da como resultado el rechazo de sí mismo y una baja auto-estima, por ejemplo, una imagen pobre de sí mismo, que resulta en rechazo a otros y por tanto, produce más rechazo hacia la víctima original. El rechazo obra en un círculo vicioso que da más oportunidad a los demonios para oprimir y manifestarse.

Las personas que no encuentran aceptación en un área, por lo general destruyen relaciones en otras áreas de la vida. Por ejemplo: al encontrar aceptación a través de la provisión de cosas materiales, una persona puede convertirse en un esclavo del trabajo que le provocará el rechazo hacia su familia por la deficiencia en el tiempo de pasar juntos.

Una lucha interminable por obtener aceptación es un claro síntoma del ciclo de rechazo que está en operación.

Hacer una revisión de las causas o fuentes del rechazo será de ayuda para el ministro que probablemente se encuentra ajeno a ellas. Entonces relacionaremos estas causas con los espíritus malignos y mostraremos cómo éstos pueden aprovechar la carne del hombre, en vez de vivir por medio de la presencia del Espíritu Santo (Romanos 8:14).

Hay Dos Tipos de Rechazo

1. Rechazo manifiesto (abierto o evidente):

   * Un niño no deseado o no amado. Ejemplo: Un padre dice: "Ojalá que nunca hubieras nacido".
   * "No sirves para nada ni nunca servirás".
   * "Eres una mala persona".
   * "Nunca llegarás a ser una persona de éxito".
   * Largos períodos lejos del niño debido al egoísmo.
   * Golpear al niño por enojo o frustración.
   * Tener una aventura amorosa.
   * Divorciarse de su pareja.
   * Criticar al niño constantemente.

2. Rechazo oculto, usualmente no intencionado:

   * Sobreprotección, sofocamiento (por lo general con niños, pero, no es raro en el matrimonio). Ejemplo: evitar que alguien se convierta en una persona totalmente funcional.
   * Actuación premeditada, amor condicional. Ejemplo: "Te amo SI. . ."

   Nota: Hay tres reacciones diferentes en los niños por el amor condicional:

   a. Actuar excesivamente para buscar aceptación.
   b. Apartarse.
   c. Rebelión.

   * Muerte prematura de los padres, que significa la pérdida de la fuente principal de aceptación.
   * Cuando nace varón y los papás querían niña. Entonces son "super buenos", para cubrir la culpa de rechazar al niño.
   * El niño que "cambió la vida". Si los padres no querían al niño, pero ocultan ese sentir, se inclinarán demasiado a una forma de probar que el niño *sí* es deseado. Estos padres prestan atención a cómo

otros padres cuentan la historia de la llegada de sus hijos.

* Privación del amor paterno. Ejemplo: confinamientos largos en hospitales durante la infancia o niñez; servicio militar.

* Incapacidad de los padres para comunicar su amor al niño en forma verbal, física o ambas.

* Comparaciones desfavorables de favoritismo con hermanos o parientes.

* Suicidio de alguno de los padres, es lo máximo en el rechazo a sí mismo y a los demás.

* Divorcio de los padres.

Areas que Propagan el rechazo

1. En el matrimonio

El cónyuge, que antes del matrimonio ha experimentado rechazo significativo, no sabe cómo dar o recibir amor y nunca ha aprendido la confianza básica.

Los sentimientos de inferioridad impiden la participación en actividades de rutina, como:

Intentar tareas que tengan el riesgo de fracasar.

Disfrutar del tiempo de ocio.

Establecimiento de metas a largo plazo.

Los cónyuges bien adaptados usualmente no comprenden el comportamiento neurótico de una persona rechazada. Las personas que tienen un patrón de rechazo desde su niñez, a menudo indicarán rechazo en situaciones o conversaciones donde no existe rechazo alguno. Pero, con frecuencia las personas rechazadas se casan entre sí y siguen un patrón de rechazo mutuo. Ya sea real o imaginaria, una interpretación falsa de ciertos hechos abre viejas heridas y amplía el rechazo supuesto o verdadero.

Otro resultado común del rechazo es adherirse como una sanguijuela a otra persona que le proporcione el amor que ha buscado. Monopolizar el tiempo y el afecto de esta persona y los celos extremos son comunes. Los esfuerzos para reducir estas situaciones se interpretan como rechazo adicional. De ahí resulta entonces que la persona agobiada desea terminar la relación y así se demuestra como parece, que los temores más profundos de la persona rechazada son ciertos.

Las personas rechazadas no pueden permitir que sus amigos verdaderos tengan derecho a ser independientes sino que muchas veces tratan de controlarlos y sin querer, dan lugar a otro rechazo.

El amar incondicionalmente a una persona rechazada con frecuencia resultará en que el rechazado muestra emociones o un comportamiento neurótico, pues la personalidad rechazada no sabe cómo obrar normalmente en un ambiente de amor y se siente "fuera de control".

A menudo la persona rechazada se comportará de tal manera que origina, más rechazo en quienes lo rodean, cuando intenta probar el amor que le tienen.

El rechazo produce rechazo. Una madre o un padre que fueron rechazados no pueden dar verdadero amor (dan amor distorsionado) y generalmente transmiten este espíritu a sus hijos.

2. En la escuela

En los niños que vienen de hogares donde hay rechazo, el mensaje: "Te voy a aceptar si haces un buen trabajo", puede ahondar significativamente el estado de rechazo. Avergonzar a un niño por su mal manejo, también profundiza el rechazo.

3. Entre hermanos o parientes

Aun cuando los padres acepten y traten a los niños

justa e igualmente, las comparaciones y/o la rivalidad de unos con otros pueden producir sentimientos de inferioridad.

Pueden surgir patrones exagerados de rechazo si la cadena de rechazo comienza por los padres que también están en rechazo.

Esta búsqueda de aceptación e identidad se puede distinguir por grupos de edad:

Distinciones entre grupos por edades

1. Antes del nacimiento:

Lo que las personas encuentren en sus años formativos desde la concepción hasta los 5 años, puede causar una distorsión en la estructura de nuestro hombre interior. La falta de amor; el rechazo desde el tiempo de la concepción en adelante; no ser deseado antes del nacimiento; un incidente traumático durante la gestación, ejemplo: que se haya abusado sexualmente de la madre o el intento de aborto; el maltrato físico y verbal de la madre, muerte en la familia un acto/perversión sexual inusual de la madre, etc. Tales cosas pueden afectar al niño en el vientre y abrir puertas para que entren espíritus malignos.

Los bebés se dan cuenta y perciben el ambiente. ¿Recuerdan el relato de Juan el Bautista que saltó en el vientre de Elisabet al escuchar la salutación de la madre de Jesús? Lucas 1:39-44: *"En aquellos días, levantándose María, fue de prisa a la montaña, a una ciudad de Judá; 40: y entró en casa de Zacarías, y saludó a Elisabet. 41: Y aconteció que cuando oyó Elisabet la salutación de María, la criatura saltó en su vientre; y Elisabet fue llena del Espíritu Santo, 42: y exclamó a gran voz, y dijo: Bendita tú entre las mujeres, y bendito el fruto de tu vientre. 43: ¿Por qué se me concede esto a mí, que la madre de* mi Señor venga a mí? 44: *Porque tan pronto como llegó la voz de tu salutación a mis oídos, la criatura saltó de alegría en mi vientre"*.

A menudo aconsejamos a los padres y madres que le digan a su pequeño bebé en el vientre: "Tú, allí dentro, te amamos y queremos que seas nuestro. Damos gracias a Dios por ti y te bendecimos en el nombre de Jesús".

Aun los estudios hechos por quienes están en el sistema mundano indican que una relación de "causa y efecto" existe entre los niños y los variados métodos de rechazo empleados por las madres. Ejemplo: el odio al embarazo, intento de aborto, dependencia de drogas o alcohol y el trauma que se debe a problemas de relaciones en la vida de la madre. Estos resultados son como huellas en el alma del niño. Sabemos que éstas se derivan de una opresión demoníaca, efectos mentales de privación de amor necesitado, son heridas que se imprimen en el alma del niño.

2. Niñez

Generalmente:

El fracaso al no recibir la aceptación que se necesita o se desea para el desarrollo de la personalidad del niño, da como resultado:

* Comportamiento infantil, fastidioso o anti-social.
* Frustración, ira, hostilidad.
* Teatro. Ejemplo: aislamiento, silencio e hipocondría.
* Otro ejemplo: hostilidad para desatar heridas.
  (Los conjuntos de síntomas son igualmente dañinos, pero son difíciles de identificar).

Durante el nacimiento:

Los partos difíciles comúnmente producen rechazo o temores en la criatura. Ejemplo: cuando el cordón umbilical se enrolla en el cuello del bebé, hay falta de oxígeno; instrumental que se utiliza en el parto puede lesionar al bebé; o cuando se lleva el bebé a una incubadora y se le separa del cariño y el calor de la madre.

Si hay gemelos, la competencia por recibir atención es a menudo fuerte y uno o ambos niños resultan frustrados o insatisfechos. Lo mismo pasa especialmente en familias numerosas, con los niños que no fueron objeto de caricias adecuadas.

Los padres decepcionados con el sexo del bebé. El rechazo durante el parto puede abrir la puerta para que entren espíritus de homosexualidad o lesbianismo.

3. Niñez temprana:

El padre o la madre que no están disponibles durante la niñez o aun en la adolescencia.

Divorcio o separación. Niños a quienes se dejan solos mucho tiempo. Esto también puede suceder cuando el niño se deja a un pariente o con una niñera (aunque éstos sí amen al niño).

Que el padre (posiblemente también la madre) sea muy duro al castigar o al utilizar palabras de corrección.

Negligencia al demostrar suficiente afecto, elogio o aliento.

Maltrato y/o Violación. ¿Puedes imaginarte el trauma de un(a) pequeño(a) niño(a) que ha sido maltratado(a) o violado(a)? Los espíritus malignos aprovecharán esta situación. Podrán aparecer espíritus de temor, por ejemplo: miedo al hombre, miedo al padre o a cualquiera que realizó el abuso, espíritus de violación, incesto, tormento, dolor, vergüenza, indignidad, lujuria, homosexualismo, lesbianismo, perversión, sexo anal, sexo oral, temor al sexo o frigidez que se pueden manifestar en la vida futura. Debemos guiar a la persona de quien se abusó hacia perdonar a la persona o personas comprometidas. Luego, pedir al Señor Jesucristo, que es el mismo ayer, hoy y por siempre, que sane el corazón quebrantado y el espíritu dolido de la persona herida. Entonces ordenamos a todos los espíritus malignos, incluyendo el espíritu encargado de traer todo eso a la memoria, que salgan y les decimos que no regresen más, en el nombre de Jesús. En el caso de incesto, también ordenamos a los espíritus Quemos y Milcom, (1 Reyes 11:5-7) los dioses espirituales demoníacos de las dos naciones formadas cuando Lot durmió con sus dos hijas (Génesis 19:30-38). Vamos a la fuente del incesto en la Biblia.

4. Juventud

Si un joven se siente rechazado, entonces se desarrollará excesiva dependencia de sus iguales al buscar aceptación y un significado para vivir. Esto trae como consecuencia promiscuidad en las niñas, lujuria en los niños con posibilidades para el lesbianismo/homosexualismo en los años siguientes. Algo también común es: la rebelión, amargura, el comportamiento antisocial o criminal y/o altos logros en deportes, estudios, música, etc.

5. Edad adulta

Si al sentirse inferior el joven adulto encuentra difícil o imposible el escoger una carrera y/o su preparación, puede tener sentimientos crecientes de confusión, frustración en el empleo o derrota, el desaliento puede acompañarse de escogencias defectuosas. Estas afectan desfavorablemente al cónyuge o la familia. Comúnmente es un tiempo cuando se llega a tocar fondo tanto emocional como espiritualmente.

6. Edad mediana (40 años)

Existen tres clases de personas:

   a. Quienes llegarán a sus metas;
   b. Quienes ya las alcanzaron; y
   c. Quienes nunca llegarán a realizarlas.

En todas estas tres personas muy seguramente se producirá una crisis de identidad (comúnmente llamada la crisis de la edad mediana).

Ejemplos:

Para la mujer: Los hijos abandonan el hogar. El nido vacío de identidad fundada en el papel de madre; la sensación de que la razón de vivir se fue. También, su belleza física va declinando.

Para el hombre: Ninguna otra frontera con significado para conquistar, una identidad fundada en el logro. Esto puede estar acompañado por disminución en la resistencia y/o en la fuerza física que ocurre generalmente entre los 40 ó 50 años.

El divorcio termina con los sueños.

Una persona: Sentirse demasiado vieja para cambiar carrera, para establecer nuevas metas.

Creer que la situación financiera hace que los logros sean imposibles.

Relaciones interpersonales insatisfechas. Mala identidad.

Y en el extremo, las emociones que toman el control ocasionan amoríos o refugiarse en el trabajo, nietos o ministerio, etc., sólo para convertirse en una bomba de tiempo.

7. Edad madura

La identidad que se había basado en relaciones, logros y/o el servicio a otros, caerá en bancarrota emocional. Las personas se pueden ver a sí mismas como "lo que fueron" cuando cesa la habilidad para llevar a cabo o cuando mueren las relaciones de gran significado.

Los temores acerca de un futuro incierto pueden dominar sus pensamientos cuando está despierto.

La sabiduría de sus años se pierde en nuestra actual vida acelerada, donde las personas no tienen tiempo para ellos.

La verdadera sabiduría, que comienza con el correcto temor del Señor, nunca ha tomado su lugar adecuado.

Otros Problemas Relativos a La Sociedad Moderna

La independencia feminista en busca de identidad ha producido un incremento en:

a. Enfermedades en las mujeres, causadas por la tensión, las cuales anteriormente se encontraban en los hombres.

b. Cáncer de los pulmones y alcoholismo (debido al exceso en fumar y beber entre estas mujeres).

c. Rupturas matrimoniales causadas por la competencia.

d. El trabajar fuera del hogar usualmente priva a los niños de la crianza adecuada mientras que se satisfacen otras necesidades físicas.

Para las madres el divorcio se traduce en trabajo de tiempo completo, lo que se agrega al trauma de los niños luego de la separación de los padres.

En resumen, siempre que se experimente el rechazo, lleva a una crisis de identidad que abre la puerta a muchas clases de demonios, que tratarán de establecerse en la mente o personalidad de un individuo.

Recuerde, *a menos que el Espíritu de Dios corrija el daño a las emociones, es en vano trabajar con los síntomas*. Las oraciones de liberación, seguidas por las oraciones por sanidad, son necesarias. La rendición del control de tal tipo de vida al señorío de Cristo, a las verdades de quiénes somos realmente (y de lo que no somos) tal y como lo revela la Escritura y al liderazgo continuo del Espíritu Santo que mora en nosotros, será la única forma en que ocurra la renovación de la mente de esta persona.

Cinco resultados principales del rechazo

Se manifiestan en forma de sentimientos que, en ambos casos, tienen su origen en actividad demoníaca o emociones heridas de un individuo, a saber:

1. Inferioridad, odio/disgusto de sí mismo.
2. Inseguridad, sentimiento de no ser amado, soledad crónica.
3. Inadecuación, debilidad, timidez.
4. Miedos, temores y dudas.
5. Culpa (tanto, real como imaginaria).

Signos comunes del rechazo

Cuando un individuo que posee estos estados mentales se relaciona con otras personas en circunstancias donde hay presiones, podemos esperar los siguientes problemas.

a. Depresión

b. Hostilidad

c. Ansiedad

d. Escapismo por medio del trabajo *excesivo,* televisión, alcohol, relaciones fuera del matrimonio, pornografía, drogas, lectura, estudios y pasatiempos.

e. Enfermedades físicas (psicosomáticas).

f. Rebeldía: "como nadie me ama, haré mi propia voluntad".

g. Hechicería, dominación o manipulación de los demás (aun los niños son capaces de hacer estas cosas).

h. Comerse las uñas

i. Mojar la cama

j. Chuparse el dedo

k. Nerviosismo

l. Problemas crónicos de lujuria

m. Fantasía

n. Pensamientos obsesivos

o. Esquizofrenia, doble ánimo

p. Paranoia.

¿Cómo Enfrentarnos al Rechazo?

Ante todo, quitar el terreno para la actividad del demonio mediante:

1. Perdonar a todas las personas que nos han herido.

2. Cambiar nuestra forma habitual de enfrentar la vida, por la vida de Cristo. El es el único que puede vivir una vida de santidad (por medio nuestro), mientras nos despojamos de nuestras cargas y dejamos a Cristo ser nuestra vida (Colosenses 3:4).

3. Romper toda maldición, incluyendo palabras malignas de la familia y amigos.

Después, siga los siguientes pasos:

a. Rompa con toda atadura impía del alma.

¿Qué es una atadura del alma? En 1 Samuel 18:1-3 vemos una atadura santa: *"Aconteció que cuando él hubo acabado de hablar con Saúl, el alma de Jonatán quedó ligada con la de David, y lo amó Jonatán como a sí mismo. Y Saúl le tomó aquel día, y no le dejó volver a casa de su padre. E hicieron pacto Jonatán y David, porque él le amaba como a sí mismo"*. Llamamos a este convenio, ligadura del alma.

Estos dos hombres hicieron un convenio santo que se honrarían y amarían el uno al otro y a sus familias.

Una persona está mucho más atada con cualquiera otra con la que haya tenido relaciones sexuales.

Tenemos que romper todas esas ataduras con tales personas. Nuestras mentes (almas), han estado en actos no santos. Los espíritus que llegaron cuando hicimos esas cosas se deben echar fuera en el nombre de Jesús.

b. Eche fuera el espíritu de rechazo y otros espíritus similares.

c. Sane viejas heridas por medio de la oración de sanidad.

d. Acepte el amor de Dios por medio de Jesús para establecer nuestra identidad en El.

e. Reconozca continuamente que mediante la sangre de Jesús, nosotros ahora estamos "en Cristo" sentados con El en lugares celestiales.

Recuerde: El rechazo engendra rechazo; los padres o las madres que fueron rechazados, no pueden dar el amor adecuado (dan un amor distorsionado) y usualmente transmiten este espíritu a sus hijos.

4

Qué Hacer y Qué no Hacer

Qué hacer

Sugerencias basadas en la experiencia de Frank y Evelyn Marzullo:

A. *PREPARACION PARA EL MINISTRO:*

1. *Sométete a liberación primero.* Mateo 10:8. No sólo una vez, sino muchas veces. ¿Cuántas veces vas a un chequeo donde el médico? El médico dice: "Lo veo el próximo mes". Luego, cuando regresas al mes siguiente, te da cita para dentro de seis meses o un año a partir de la fecha. Creemos que los chequeos periódicos en el área de la liberación son correctos en la vida de una persona que aún no está establecida en la victoria de Cristo.

2. *Sé bautizado en el Espíritu Santo y confía en Dios plenamente,* si no por todas las manifestaciones mencionadas en 1 Corintios 12, especialmente el que hables en otras lenguas como dice en Hechos 1:8. Alguna gente dice: "Te refieres a que, si no hablo en lenguas, ¿no he sido bautizado en el Espíritu Santo?" Creemos que si has sido bautizado en el Espíritu Santo, tarde o temprano, querrás hablar en lenguas, como lo hicieron los primeros discípulos. El Espíritu Santo quiere manifestarse a sí mismo y sus obras a través de ti. El da un lenguaje y ese lenguaje es el hablar en lenguas. También creemos que hay un

poder que se añade y fe para edificarnos al hablar en lenguas. Jesús dijo en Hechos 1:8: *". . . pero recibiréis poder, cuando haya venido sobre vosotros el Espíritu Santo".* Poder para hacer las cosas que Jesús quiere que hagas. Las lenguas también son importantes al ministrar liberación, pues creemos que hay muchas clases de lenguas. Hay lenguas de intercesión, de súplica, de alabanza, de exhortación y de reprensión. A menudo, sólo al orar en lenguas, los demonios huirán. Así que, es importante que añadas esta arma a tu arsenal.

3. *Sé abierto a las otras manifestaciones del Espíritu Santo;* por ejemplo las que nos da Romanos 12:6-8: *"De manera que, teniendo diferentes dones, según la gracia que nos es dada, si el de profecía, úsese conforme a la medida de la fe; o si de servicio, en servir; o el que enseña, en la enseñanza; el que exhorta, en la exhortación; el que reparte, con liberalidad; el que preside, con solicitud; el que hace misericordia, con alegría".* Aquí Pablo dice que no ministremos más allá de la proporción de gracia y fe que nos ha sido dada. Esto significa que no tratemos de ministrar más allá de la medida de fe que nos fue dada. No te aventures dentro del agua si llega más arriba de tu cabeza y no sabes nadar. Si tienes fe solamente para orar por un dolor de cabeza, no ataques un caso de cáncer terminal. Asegúrate en tu espíritu que si oras por esta persona con cáncer, será sanada. Entonces ve más allá y maldice el cáncer y ordénale que se vaya y que el daño que produjo se sane en el nombre de Jesús.

Si no has recibido la palabra para orar por esa necesidad y oras por tu propia cuenta, corres el riesgo de destruir la fe de las personas y tu propia fe, si, no son sanados.

4. *Pídele al Espíritu Santo que te dé una actitud de siervo.* Cuando los discípulos discutían entre sí quién

era el mayor entre ellos, Jesús dijo: *"Pero no será así entre vosotros, sino que el que quiera hacerse grande entre vosotros será vuestro servidor, y el que de vosotros quiera ser el primero, será siervo de todos"* (Marcos 10:43-44). En otras palabras, Jesús dice: aprendan a servir. Tengan un corazón y una actitud de siervo. No por dinero o prestigio, sino sabiendo que con esto están dando un vaso de agua al sediento en su nombre.

Cuando las personas preguntan: "¿Cuánto cobran ustedes por este ministerio?" Contestamos: "Nada. Pero, si usted se siente guiado a dar una ofrenda para apoyar nuestra obra, le agradecemos mucho".

5. *Conoce que Dios te ha llamado* (a *todos* los creyentes) *a este ministerio* según Marcos 16:17. Algunos me han dicho: "La liberación no es mi ministerio". Mi respuesta a esto es la siguiente pregunta: "¿Eres un creyente y seguidor de nuestro Señor Jesucristo?" Si la respuesta es "sí", entonces le citamos Marcos 16:17: *"Y estas señales seguirán a los que creen: En mi nombre echarán fuera demonios; hablarán nuevas lenguas; . . .sobre los enfermos pondrán sus manos, y sanarán"*.

Jesús también dijo en Juan 14:12: *". . .el que en mí cree, las obras que yo hago, él las hará también; y aun mayores hará. . ."* Así que si eres un creyente, entonces echarás fuera demonios, hablarás en lenguas, pondrás tus manos sobre los enfermos y sanarán.

Recuerdo cuando mi esposa estaba renuente a ministrar liberación. Vivíamos en una casa pequeña en Miami y nuestra vecina de al lado podía escuchar casi todo lo que sucedía en nuestra casa. Mi vecina constantemente se quejaba y decía: "No entiendo por qué les visitan tantas personas enfermas. Siempre tosen tan alto". Algunas de las personas a quienes ministrábamos tenían muchos espíritus inmundos. Acabábamos de comprar muebles nuevos cuando un demonio hizo que una mujer se orinara en nuestro nuevo sofá. Fue un desastre. . . tuvimos

que comprar un nuevo cojín para el sofá. Otra muchacha
que tenía un espíritu de hechicería levantó una de nuestras sillas y la destrozó. Con razón vi por qué mi esposa
no quería trabajar en liberación. Pero, ¡Alabado sea el
Señor!, hemos aprendido a ministrar diferente. Sabemos
que nos ha sido dado poder sobre todos los espíritus
(Lucas 10:19). Atamos el poder de todos los demonios para
que no sigan más en su obra destructora. El Señor, ha
tenido que tratar con mi esposa respecto a su disposición
para el Ministerio de Liberación.

Una noche tuvo un sueño. Soñó con un bello árbol y de
una rama del árbol colgaba una gran sandía de oro. Cerca
del árbol, en el suelo, estaban dos sandías verdes deshechas. En el sueño, no se interesaba por la sandía de oro;
quería las dos sandías verdes deshechas. Cuando desper-
tó se dio cuenta que se trataba de un sueño espiritual, le
pidió al Señor que le revelara el significado. El Señor le
dijo que no podría obtener las dos sandías verdes que
tanto deseaba, y que eran las manifestaciones del Espíritu Santo de Sanidad y Palabra de Conocimiento. Primero, debía aceptar la sandía de oro del árbol, que era el
ministerio de liberación. Mi esposa pidió perdón por rechazar el ministerio de liberación. Ahora, gracias al Señor, ambos trabajamos y fluimos en liberación, sanidad y
otros dones del Espíritu Santo.

B. *MIENTRAS MINISTRAS LIBERACION:*

1. *Sé compasivo, no juzgues.* (Escucharás cosas que te
   sorprenderán acerca de la perversidad de la naturaleza caída y sus pecados secretos. *"Por lo cual, ani-
   maos unos a otros, y edificaos unos a otros, así como
   lo hacéis"* (1 Tesalonicenses 5:11).

   Otra referencia en las Escrituras está en Lucas 10:25-
   37 sobre la parábola del buen samaritano que tuvo
   compasión y mostró misericordia para con el forastero
   herido. Jesús le dijo: "Vé, y haz tú lo mismo".

2. *Pide al creyente que no se comprometa con el enemigo*

y que aborrezca lo que Dios aborrece. "Cuando Jehová tu Dios te haya introducido en la tierra en la cual entrarás para tomarla, y haya echado de delante de ti a muchas naciones, al heteo, al gergeseo, al amorreo, al cananeo, al ferezeo, al heveo y al jebuseo, siete naciones mayores y más poderosas que tú, y Jehová tu Dios las haya entregado delante de ti, y las hayas derrotado, las destruirás del todo; no harás con ellas alianza, ni tendrás de ellas misericordia" (Deuteronomio 7:1-2). ¿Por qué Dios dijo que hicieran esto? Porque estas naciones estaban todas infestadas de demonios y no debemos tener pacto con gente guiada por demonios.

Frank comparte el siguiente relato acerca de un hombre que tenía un gran miedo y vino a él para ministración. "Durante nuestra conversación, descubrí que este hombre vivía en una situación de adulterio con otra mujer. Cuando le dije que esto era pecado, me contestó que los dos eran adultos que consentían en esto y que no hacían mal a nadie. Le dije que no podía ministrarle liberación a menos que estuviera dispuesto a salir de esa situación. Me gritó: 'Tú te llamas a ti mismo un hombre de Dios y no me ayudarás'. Le dije: 'Estoy ayudándote al decirte que te arrepientas y termines con el pecado'. Si yo me comprometo a echar fuera los espíritus de miedo y a dejar que esos espíritus de adulterio y lujuria permanezcan, entonces se convertirán (los espíritus de adulterio y lujuria) en un puente por el cual todos los espíritus de miedo que yo eche fuera, regresarán y traerán con ellos a siete espíritus más que sean peores que los anteriores (Mateo 12:43). Así que dejé de ministrarlo.

"No continuaré ministrando liberación a una persona a menos que esté totalmente comprometida a obedecer a Jesús. Le dije a este hombre que cuando estuviera listo para esto, que le ministraría liberación. He dejado de ministrar muchas veces cuando las personas no están dispuestas a rendir todo ante Jesús.

El Salmo 139:21 dice: '*¿No odio, oh Jehová, a los que te aborrecen, y me enardezco contra tus enemigos?*' (No es pecado el odiar lo que Dios odia).

Luego el salmista continúa: "*Examíname, oh Dios, y conoce mi corazón; pruébame y conoce mis pensamientos; y ve si hay en mí camino de perversidad, y guíame en el camino eterno*" (Salmo 139:23-24).

3. *Ten oído para escuchar mientras Dios identifica la raíz del problema por ti.* Nota en Santiago 1:19: "*Por esto, mis amados hermanos, todo hombre sea pronto para oír, tardo para hablar, tardo para airarse*". Debemos aprender a escuchar. Cuando las personas me buscan para liberación, les pedimos que nos compartan sus problemas. Por ejemplo: lo que pasó en su niñez, su relación con sus padres, sus miedos o temores y por qué piensan que necesitan liberación. Mientras hablan, nosotros discernimos y escribimos en un papel los nombres de los demonios que han entrado en las varias etapas de sus vidas. Si dicen: "Mi padre nunca estaba en casa cuando yo era niño" escribimos: espíritus de rechazo y resentimiento. También, hacemos una nota diciendo que deben perdonar a su padre. Entonces, les hacemos ciertas preguntas, como las registradas en la Segunda Parte de este manual, titulada: "Quién Puede Necesitar Liberación". Según sus respuestas, escribimos los nombres de los demonios que necesitan ser echados fuera.

4. *Sé flexible con la variedad de técnicas o métodos.* Proverbios 18:15: "*El corazón del entendido adquiere sabiduría; y el oído de los sabios busca la ciencia*". Hay momentos cuando el Espíritu Santo me dice que eche fuera demonios de año en año, esto es, aquellos demonios que entraron en las edades de 1 y 2, después en las edades de 3 y 4, luego 5 y 6, etc. O me dice que eche fuera a los demonios mientras la persona estaba siendo formada en el vientre de su madre. Pero, hacemos esto cuando somos guiados por la inspira-

ción del Espíritu Santo. No hacemos un hábito de ningún método, pues, es el trabajo de Dios; y el Espíritu Santo mostrará qué hacer.

En Inglaterra Frank ministró a una mujer que tenía un fuerte problema de dolor de espalda. Le pidió que se sentara y midió sus piernas. Su pierna creció, pero aún ella sentía dolor. Entonces el Espíritu Santo le dijo: "Saca ese dardo de fuego". Así que le dijo a la mujer: "Hermana, voy a tocar su espalda, comenzaré desde la nuca hacia abajo. Por favor, hágame saber dónde se encuentra el dolor exactamente". Ella dijo: "Allí". El paró en el punto y dijo: "En el nombre de Jesús, saco ese dardo de fuego". Mientras él hacía un movimiento como el de halar un alfiler de su espalda, ella dio un gran grito y arqueó su espalda diciendo: "Se fue, el dolor se fue".

Frank y Evelyn han tenido muchas experiencias como ésta de sacar alfileres de vudú de varias partes del cuerpo de las personas o de cerrar las paredes del abdomen donde se encontraba una hernia y estirar un órgano demasiado pequeño. Ellos han usado sus manos conforme el Espíritu les ha dirigido. Salmo 144:1: *"Bendito sea Jehová, mi roca, quien adiestra mis manos para la batalla, y mis dedos para la guerra. . ."* Así que no te quedes atorado en una rutina, no hagas de las cosas un hábito. Escucha la voz del Espíritu Santo.

El Señor a menudo le dice a Frank que los eche fuera de pies a cabeza. Ultimamente, lo ha estado haciendo con gran éxito en los Seminarios de Liberación. "Empiezo por el cerebro y el área de la cabeza, echando fuera todo demonio posible y todo espíritu de enfermedad fuera de oídos, nariz, ojos y boca. Luego oro para que esas áreas sean sanadas en el nombre de Jesús. Después, continúo hacia abajo en el resto del cuerpo. . . echando fuera demonios y orando por sanidad" [Ver chequeo final para esta oración].

Creemos que los demonios usualmente viven en las cavidades del cuerpo. Hemos encontrado pactos con espíritus de hechicería que descansaban en los órganos femeninos y aun en el área del busto y no salían. Estos estaban tomados de las manos para formar como una cadena. Tuvimos que ordenarles que se desataran uno a otro y que salieran en el nombre de Jesús. De nuevo, exhorto a que escuches al Espíritu Santo.

5. *Utiliza la Espada del Espíritu, la Palabra de Dios,* como dice en Efesios 6:17. La Espada del Espíritu es la parte ofensiva de la Armadura de Dios. Debes conocer la Palabra. Por ejemplo: cuando haya temor, debes darle un "golpe" al enemigo con 2 Timoteo 1:7: *"Porque no nos ha dado Dios espíritu de cobardía, sino de poder, de amor y de dominio propio".* Usa la Palabra de Dios que viene contra ese espíritu. Si hay un espíritu de debilidad, entonces, usa Filipenses 4:13: *"Todo lo puedo en Cristo que me fortalece",* etc.

6. *No le creas a los espíritus inmundos.* La Biblia dice: *"Amados, no creáis a todo espíritu, sino probad los espíritus si son de Dios; porque muchos falsos profetas han salido por el mundo. En esto conoced el Espíritu de Dios: Todo espíritu que confiesa que Jesucristo ha venido en carne, es de Dios; y todo espíritu que no confiesa que Jesucristo ha venido en carne, no es de Dios; y este es el espíritu del anticristo, el cual vosotros habéis oído que viene, y que ahora ya está en el mundo"* (1 Juan 4:1-3).

Nosotros siempre tratamos de probar los espíritus. Aun cuando vemos grandes manifestaciones, queremos asegurarnos que el diablo no dio esas manifestaciones falsas. Frank relata otra experiencia: "Estaba ministrando a una mujer por alrededor de dos horas. Mi esposa y yo echábamos fuera toda clase de espíritus. De repente, esta persona dijo: " 'Oh, ustedes no se tienen que preocupar más, Jesús está en mí. . . yo soy Jesús quien habla ahora. . . yo me ocupo de todo. . . no hay nada más aquí'. Entonces le hablé a ese demonio: 'Tú, el que dices que eres Jesús, te ordeno que salgas en el nombre de Cristo Jesús, el Hijo del Dios Viviente, el que murió en la cruz por tus pecados, Jesucristo de Nazaret'. Entonces ella fue libre de lo falso, de la falsificación de Jesús y continuamos ministrándole".

Me aseguro de hacerles saber a los demonios que conozco al verdadero Jesús. A veces, chequeo para estar seguro que los demonios que he nombrado realmente se han ido. Por ejemplo: Si ya le he ordenado al miedo que salga, le pido que se manifieste en el nombre de Jesús. Si la persona empieza a sacudirse o no tiene paz, entonces el espíritu aún sigue allí. Pero, si la persona está en paz y no hay manifestaciones, la dejo en paz. Cuando ministro me gusta mirar a los ojos de la persona. A veces, los ojos me dicen si el espíritu inmundo se ha ido". Pero, sea cuidadoso en este aspecto, no se confíe en lo que ve físicamente y no deje de depender del discernimiento espiritual.

Por qué algunos ministros fallan en el trabajo de la liberación

1. *Son inmaduros.* Probablemente sean muy jóvenes en el ministerio de la liberación. Sólo por el hecho de haber echado fuera algunos demonios, creen ser maduros. Toma tiempo y mucho entrenamiento bajo la enseñanza del Espíritu Santo. Vemos esto expresado en 1 Timoteo 3:6-7 que habla acerca de los ancianos: *". . . no un neófito, no sea que envaneciéndose caiga en la condenación del diablo. También es necesario que tenga buen testimonio de los de afuera, para que no caiga en descrédito y en lazo del diablo".*

2. *Son vasos sucios* que tienen lujuria, gula, ira, amargura, etc. ¿Puede una persona que está en adulterio echar fuera demonios? Sí, pues los dones y el llamamiento de Dios son irrevocables. Con esto quiero decir que no buscamos los dones, sino el *fruto del Espíritu Santo* en la vida del ministro. Si una persona trata de echar fuera un espíritu de otra persona y tiene el

mismo espíritu, habrá un problema mayor en ambas.

3. *Carecen de oración,* ayuno y/o dependencia en el Espíritu Santo. Noten en Mateo 17:21: "Pero este género no sale sino con oración y ayuno". Esto es lo que Jesús dijo a sus discípulos cuando no pudieron echar fuera los espíritus inmundos del muchacho epiléptico. Jesús acababa de bajar del Monte de la Transfiguración con Pedro, Juan y Jacobo cuando los discípulos tuvieron este problema. Jesús les hizo saber que hay algunos demonios que son más fuertes que otros y se requiere más poder de oración para echarlos fuera.

4. *Hay un compromiso emocional y* llevan la carga de la persona. Frank lo ilustra con esta experiencia: Al Comienzo de nuestro Ministerio mi esposa y yo hacíamos justo eso. . . tomar la carga de alguien. No sabíamos qué hacer con respecto a una mujer en particular que tenía un espíritu necio. Eramos jóvenes en el Espíritu y cometíamos muchos errores. Mi esposa dijo que ella tomaría ese espíritu necio dentro de sí misma y que luego, lo echara yo fuera de ella. Este fue un grave error. Te ruego que nunca lo hagas. Ese día tuve dos mujeres necias en mis manos, mi esposa y la otra mujer. Tan pronto como mi esposa dijo aquello, ustedes saben lo que sucedió. Traté todo cuanto sabía para sacar ese espíritu. Era necio. Tenía derecho legal para estar dentro de mi esposa. Ella lo invitó a entrar".

Teníamos un piano de media cola en nuestra sala. Ella gateó debajo y yo gateé detrás de ella con una Biblia en mis manos, tratando de colocar la Biblia sobre su espalda y de ordenarle a ese espíritu necio que saliera en el nombre de Jesús. No sabía lo que hacía, hasta que, finalmente, luego de muchas oraciones y órdenes en el nombre de Jesús, ese espíritu se fue. Aprendimos a no tomar ningún demonio de nadie. Hay personas que hacen esto, pero no es bíblico. Jesús *solamente* los echaba fuera.

5. *Fallan por causa del orgullo,* tanto de orgullo del ministro u orgullo del ministrado. Aun en liberaciones masivas, algunas personas sólo se sientan y no participan porque no quieren que nadie se entere que pueden tener un demonio. Solamente miran a su alrededor y no reciben la bendición. El ministro obra en orgullo cuando le dice a su aconsejado: "Ahora, tú solamente obedéceme. Cuando te diga que saltes, todo lo que debes decir es: '¿Cuán alto?'. Después de todo, yo soy el ministro de liberación y sé lo que hago". Por estas cosas, el ministro falla.

6. *Utilizan técnicas ilegales.* Ejemplo: el ministro se involucra en controlar o manipular a la persona. El ministro se convierte en dios para el aconsejado. Cuando tienen un problema, el aconsejado busca al ministro en vez de buscar a Cristo primero. Debemos enseñar a las personas cómo pedir al Padre que los ayude y que aprendan a esperar en El. También debemos enseñarles a auto-liberarse. . . cómo ser vencedores y a no depender exclusivamente del ministro para ayudarles.

Frank y Evelyn tuvieron un caso que demuestra este problema. "Mi esposa estaba aconsejando a una mujer que constantemente la llamaba dos o tres veces al día, monopolizando nuestro teléfono y enviándole dos o tres cartas diarias a mi esposa. Ella estaba convirtiendo a mi esposa en un dios. Finalmente decidí detener esta situación. Cuando llamó al teléfono le dije: 'Hermana, soy la cabeza designada por Dios para este hogar. Cuando tenga un problema, hable conmigo'. Y le dije: 'Hermana, estás controlando mi teléfono, mi buzón de correo y esa no es la voluntad de Dios. Debes aprender a confiar en Dios y no en un hombre o una mujer, de otro modo nunca serás una vencedora'. Eso puso fin a su problema de controlar".

7. *El ministro y el ministrado tienen debilidades similares.* Ejemplo: lujuria, adivinación, espíritu de anticristo, hechicería, etc. Frank dice: "Conozco una

situación donde el ministro y el ministrado, ambos tenían un problema de lujuria y terminaron cometiendo adulterio. Sin embargo, ambos oraron primero: 'Señor, perdónanos por lo que estamos a punto de hacer'. Como si esa oración diera excusa al acto de adulterio".

8. *No comprobar que el aconsejado tenga fundamentos necesarios.* Ejemplo: arrepentimiento, perdón basado *solamente* en la obra de Cristo, seguridad de salvación, bautismo en agua, aferrarse a la cruz, negación de sí mismo, sumisión a la autoridad impuesta por Dios, etc.

El solo hecho que una persona diga haber recibido a Jesús no significa que sea nacida de nuevo. ¿Existe acaso fruto que dé evidencia de arrepentimiento, de ser nacido de nuevo, de negarse a sí misma y llevar la cruz? El fruto del Espíritu Santo inequívocamente nos demostrará que el Arbol de Vida (Cristo) está creciendo.

9. *Olvidan que el problema puede tener una causa orgánica.* Ejemplo: mala nutrición, desequilibrio hormonal, daño cerebral, etc. El cuerpo necesita la nutrición y cuidado físico adecuados para funcionar correctamente.

Podría ser la "carne" no crucificada. Al decir "carne" la Biblia sugiere ser las pasadas formas o maneras (incluyendo el pecado) por las que hemos procurado tener todas nuestras necesidades suplidas en vez de buscar a Cristo primero y confiar que El las suplirá todas. El problema podría no estar relacionado con demonios. La carne debe ser tomada en cuenta únicamente como crucificada con Cristo (combinada con fe en la Palabra de Dios), si verdaderamente el problema es la carne.

10. *Han descuidado observar si el aconsejado no estaba suficientemente motivado para ser libre* y no deseaba aceptar las responsabilidades de la libertad ni estaba dispuesto a obedecer a Jesús. El aconsejado debe

enfrentar este asunto directamente y decidir si en realidad quiere ser libre.

Frank relata: "Un hombre, que era homosexual, vino a consejería. Tuvimos un buen tiempo de ministración y ordené a todos los espíritus que salieran en el nombre de Jesús. Un mes más tarde, me llamó de nuevo. Confesó haber caído otra vez. Hice que viniera a otra sesión de liberación y le pregunté: "¿A dónde vas para encontrarte con estos hombres?". El entonces, nombró varios lugares donde recogía a sus compañeros sexuales. Le dije: 'No vuelvas allí nunca más. Evita esos lugares como si fueran veneno para ti. Mantente alejado de ellos como si tuvieran una plaga'. La siguiente vez que llamó con el mismo problema, le dije: 'Hermano, no puedo ayudarte. Tienes que ejercitar tu voluntad. Te estás convirtiendo en una puerta giratoria. Los demonios de homosexualismo salen y entran de nuevo porque saben que no estás resuelto y ni siquiera desesperado. No estás usando tu voluntad. No te mantienes lejos de esos lugares que sabes que son frecuentados por homosexuales. Te dije qué hacer. Te dije que leyeras tu Biblia cada día, que te unieras a una iglesia y pidieras al Señor Jesús que te diera fuerzas cada día. '¿Estás haciendo todo esto?' Dijo que no. Le dije de nuevo: 'Hermano, no puedo ayudarte'. Jesús le dijo al hombre que había sido inválido por treinta y ocho años en Juan 5:6: "¿Quieres ser sano?" Debe existir el deseo en el corazón de ser completamente sano y libre".

11. *El aconsejado culpa a otros de su condición*. Ejemplo: Parientes, cónyuge; a cualquiera menos a sí mismo. El debe tomar responsabilidad de sus actitudes y todas sus acciones. Nadie puede hacernos pecar. Cada persona es responsable de sus propios actos. No puedes pararte delante del trono de juicio de Cristo con tu esposa o esposo. Estarás de pie solo y darás cuenta de lo que se te encomendó mientras estuviste en la tierra.

12. *El aconsejado es ignorante o no diestro en el uso de la*

Palabra de Dios. Si no estudiamos la Palabra de Dios, entonces no podremos conocer Su voluntad ni podremos usarla para derrotar al enemigo. *"Procura con diligencia presentarte a Dios aprobado, como obrero que no tiene de qué avergonzarse, que usa bien la palabra de verdad"* (2 Timoteo 2:15).

La carne puede permanecer sin ser crucificada. Si la fuente de nuestros problemas es la carne, debemos tener fe en la Palabra de Dios, que nos exhorta a reconocer que nuestra carne ya ha sido crucificada con Cristo (Romanos 6:11).

Qué no hacer

Sugerencias basadas en la experiencia:

1. No creas en los falsos conceptos como: "Este no es mi ministerio", porque tu ministerio es el mismo que el de Jesús. Jesús dijo que haríamos mayores obras que El.

2. No des "palmaditas" como respuesta: "Sé exactamente cómo se siente," o "entrégueselo todo a Jesús" porque con la mayoría de las personas, si ellas supieran cómo rendir su vida, lo harían sin tu ayuda.

3. No te sientas comprometido a salir con una respuesta para todo. Si no la sabes, dilo, pero diles que tratarás de encontrarla para ellos. Sé fiel para responder.

4. No trates de echar fuera todo demonio posible o tratar de cubrir mucho territorio en una sesión. Mantén un margen de dos horas por sesión si es posible. Dios entregó la tierra poco a poco. Infórmale al aconsejado desde el comienzo, que la liberación tomará por lo menos dos sesiones continuas de liberación a partir de allí o según sean requeridas hasta que venga la victoria y no camine de acuerdo con la carne.

5. No te agotes a ti mismo, a tu compañero de oración o a tu aconsejado. El diablo podría aprovechar eso. Tratamos de ministrar en la mañana, cuando esta-

mos frescos, si es posible. En un tiempo, recibíamos a todos los que venían, sin interesar la hora en que llegaran. Pero, ya no lo hacemos así. Necesitamos estar alertas para poder oír la Palabra del Señor más claramente. Satanás quisiera cansarte y agotarte. Si sucediera una emergencia, entonces sí ministraremos liberación, pues, en realidad es una necesidad, pero, no si sólo se pide o desea.

6. No te conviertas en una muleta permanente. Enseña la auto-liberación. No tomes el papel del Espíritu Santo en la vida de tu aconsejado, especialmente si quieren depender de ti y no escuchan a Dios lo suficiente. Apocalipsis 3:21: *"Al que venciere, le daré que se siente conmigo en mi trono, así como yo he vencido, y me he sentado con mi Padre en su trono"*. Debemos enseñar a la gente a ser vencedores. No podemos vencer por ellos. Tú puedes ayudarles a vencer hasta cierto punto, pero, luego, la persona tendrá que vencer por sí misma.

7. No hagas nada contrario a la Escritura, tal como: "Yo tomaré tu demonio". Sabemos de casos en los cuales sucedió y ya compartimos la experiencia de la esposa de Frank al hacer esto.

8. No aconsejes nada que presuma ser respuesta de Dios como: "Ahora tira tus pastillas". Deja que Dios se lo diga a ellos o deja que su médico les diga que ya no necesitan la medicina. Frank cuenta de un amigo que rompió sus anteojos esperando que Dios sanara sus ojos. "Y por dos meses no pudo manejar su automóvil ni leer la Biblia. Ves, Dios no le dijo que rompiera sus anteojos. Su carne se lo dijo y supuso que fue Dios. Eso no era del Espíritu ni de la fe. Finalmente, tuvo que comprar un nuevo par de anteojos. En otra ocasión tuvo cáncer de piel en la oreja. Declaró que el Señor sanaría ese cáncer. Pero no sucedió. Casi pierde la oreja porque el cáncer se extendió. Más tarde, fue a ver a un especialista para que cuidara de su oreja.

Pero, Dios sí sana. El es el Señor Dios que nos sana. Cuando coloque su Palabra en tu espíritu que ya estás sano, entonces lo estás. No debemos presumir ser Dios. Debemos únicamente movernos en FE, no en presunción".

9. No reveles información confidencial — a ninguno. Recibe permiso específico primero de tu ministrado si piensas que tienes necesidad de compartir la historia de alguien con alguno. Si las autoridades deben ser informadas de un crimen —advierte a tu aconsejado de tu responsabilidad legal y/o moral (como en el caso de abuso sexual continuo de un menor).

10. No aconsejes solo en un lugar privado a un miembro del sexo opuesto. Utiliza un compañero de oración. Los hombres deben liberar a hombres y las mujeres deben liberar a mujeres. Las parejas casadas hacen un buen equipo si su relación es sólida en el Señor. Un hombre me contó que tenía un ministerio hacia las mujeres caídas. Solía ir solo a las calles para ministrarlas. Esa era una mentira de Satanás. Aun Jesús los enviaba de dos en dos. Por supuesto, sabes lo que sucedió: el hombre cayó junto con ellas.

11. Sé muy cuidadoso con el contacto físico. Sé vigilante de lujuria y soledad. Los espíritus se aprovechan de las personas solitarias.

12. Sé muy cuidadoso con tu apariencia personal, olor corporal, mal aliento, etc.

13. No ministres si estás muy cansado. Descansa y llénate con la paz y el gozo del Espíritu Santo. Cuídate del complejo de "mesías". Dios puede y hará que su obra sea hecha sin ti — El desea tu obediencia y no tus sacrificios.

14. No creas que no te puedes fallar a ti mismo, Gálatas 6:1-5: *"Hermanos, si alguno fuere sorprendido en alguna falta, vosotros que sois espirituales, restauradle con espíritu de mansedumbre, conside-*

*rándote a ti mismo, no sea que tú también seas tenta-
do. Sobrellevad los unos las cargas de los otros, y
cumplid así la ley de Cristo. Porque el que se cree ser
algo, no siendo nada, a sí mismo se engaña. Así que,
cada uno someta a prueba su propia obra, y entonces
tendrá motivo de gloriarse sólo respecto de sí mismo,
y no en otro; porque cada uno llevará su propia carga".*

Obstáculos para la Liberación — Conceptos Falsos

1. Incredulidad; "No hay tal cosa como el diablo y sus demonios".

2. Los demonios son reales, pero, demasiado poderosos para que los confrontemos.

3. Debe haber liberación pero, se debe dejar a los expertos.

4. Los cristianos no pueden tener demonios.

5. Los demonios no tienen actividad en países civilizados. Sólo están activos en países remotos donde la brujería y la superstición prevalecen.

6. Si echamos fuera demonios regresarán siete peores.

7. La liberación jamás debe ser hecha en público.

8. La liberación es puramente un asunto de fe. No necesitamos hacer nada más que creer que somos libres.

9. La liberación tiene que ocurrir con manifestaciones; ejemplo: gritos, luchas, etc.

10. La demonología y la liberación dan gloria al diablo. Debemos mantener nuestras mentes fijas en Jesús.

11. Las personas que se involucran en la liberación padecen de ataques personales de demonios o de Satanás.

12. Jesús lo hizo todo por nosotros. Desde que Jesús derrotó al diablo, sólo debemos olvidarnos del diablo.

5

Procedimiento

Catorce Pasos para Seguir
(pero no necesariamente en este orden):

Nota: Recomendamos que quien ministra liberación eche fuera espíritus inmundos usando la lista de pecados, compromisos o actitudes que el aconsejado ha confesado y *sobre todo, él DEBE depender del Espíritu Santo para el discernimiento*. Refiérete a la agrupación de espíritus afines dada en las últimas páginas de este manual para que te ayude a realizar un trabajo concienzudo, pero, no operes bajo una fórmula o un método rígido. Deja que el Espíritu Santo, el dedo de Dios, te señale los problemas reales.

Dile a las personas que te detengan en el proceso, en cualquier momento que crean que un espíritu no ha salido luego de haberle ordenado que saliera o si recuerdan un hecho pertinente que se deba mencionar o algún pecado.

Paso Nº 1

Asegúrate bien que la persona ha nacido de nuevo y que tiene la certeza de ser aceptada por Dios *únicamente con base en la obra de Cristo*. La liberación es *el pan de los hijos*. (Mateo 15:22-28).

Oración General de Confesión de Fe

Haga que el aconsejado ore *lentamente* entendiendo lo que dice:

"Señor Jesucristo, creo que eres el Hijo de Dios. Tú eres el Cristo, el Mesías venido en carne para destruir las obras del enemigo. Diste tu vida en la cruz por mis pecados y resucitaste de los muertos y deseo vivir solamente por tu poder de resurrección. Ahora confieso todos mis pecados y les doy la espalda en arrepentimiento. Te pido que me perdones y me limpies con tu sangre. Creo que la expiación de mis pecados viene solamente por medio de tu sacrificio. Nunca más trataré de obtener tu perdón y aceptación por mis propias obras. Creo que tu sangre me limpia ahora de todo pecado. Gracias por redimirme, por limpiarme, justificarme y santificarme por medio de tu obra y tu sangre derramada por mí. Te doy las gracias, Jesús, que puedo dejarte vivir a través de mí".

Paso Nº 2

Falta de perdón, resentimiento, amargura, celos, odio.

Oración para Perdonar a Otros:
Lentamente:

"Señor, confieso que no he amado correctamente sino que estoy resentido con algunas personas y tengo falta de perdón en mi corazón. Me arrepiento de esto y te pido que me perdones. Clamo a ti, Señor, para que me ayudes a perdonarlos completamente. Ahora perdono a: (nómbralos a todos — tanto vivos como muertos); y te pido Señor, que les perdones también. Me acepto y me perdono a mí mismo por todos mis defectos".

Echar Fuera los Espíritus

(Habiendo dicho esta oración, ahora ordenamos a

todos los espíritus semejantes o parecidos de falta de perdón, resentimiento, odio, amargura, raíz de amargura, venganza y rencor, que se vayan en el nombre de Jesús).

Luego, guío a todas las personas a que respiren profundamente y dejen que todos los demonios salgan con ese aliento en el nombre de Jesús. Y sigo el mismo procedimiento mientras guío a las personas paso a paso.

Paso Nº 3

Duda, incredulidad, escepticismo. Echa fuera toda duda, etc.

Paso Nº 4

Todo lo de ocultismo, rompiendo todos los acuerdos y contratos con Satanás.

Oración para Confesar Toda Implicación con Sectas u Ocultismo

Lentamente:

"Señor, confieso que busqué de Satanás y sus demonios la ayuda que solo viene de Dios. Confieso como pecado: (nombra cada uno de los pecados de ocultismo en los que la persona se ha involucrado); y también todos aquellos pecados que no puedo recordar. Doy la espalda y renuncio a estos pecados y te pido que me perdones, Señor. Renuncio a Satanás y a todas sus obras. Le odio a él y a sus demonios. Los tengo como enemigos míos. En el nombre de Jesucristo, cierro ahora la puerta para toda práctica de ocultismo y le ordeno a los espíritus de ocultismo que me dejen en el nombre de Cristo Jesús". Rompo toda amistad y contacto con personas relacionadas en actividades ocultas.

En este punto, a cada uno de los espíritus detrás de las prácticas de ocultismo de esta persona, se les debe ordenar que se vayan de él en el nombre de Jesucristo. De nuevo, tome aliento profundamente y respire o tosa para que salga.

Les ordeno a los espíritus inmundos que vigorizan las sectas (como testigos de Jehová, Mormonismo, Unidad, Hare-Krishna, Ciencia Cristiana, Rosacrucismo, Teosofía, Urantia, Subud, Latihan, Bahaismo, Unitarismo, (logias, sociedades y agencias sociales que usan la Biblia y a Dios como base pero que omiten la sangre expiatoria de Jesús), que me dejen ahora en el nombre de Cristo Jesús. De ahora en adelante, no tendré nada que ver con todos aquellos que enseñan filosofías donde se trata de reemplazar la verdadera fe que es en Cristo Jesús y su obra perfecta en el Calvario.

Paso N° 5

Maldiciones de todo tipo.

Oración para Romper el Poder
de Maldiciones Heredadas

Lentamente:

"En el nombre de Jesucristo, reprendo ahora toda maldición satánica, rompo su poder y me desato a mí mismo y a mis hijos de todas y cada una de las maldiciones satánicas, maldiciones heredadas, maldiciones que provengan de otros, palabras malignas habladas por padres, viejos amigos, parientes, cónyuges, hechicería o trabajos de vudú, maldiciones en la línea sanguínea y cultura. Rompo todo encantamiento, hechizos, poderes psíquicos, embrujos, brujería, sortilegios, magia, riegos, ensalmos o trabajos que hayan sido hechos en mí o mi línea familiar, por medio de alguna persona o personas, vivas o muertas o de cualquier fuente psíquica o de ocultismo (incluyendo algún espíritu familiar asignado a mí por Satanás durante mi nacimiento que haya tratado de descarriarme durante mi vida) o debido a mis propios pecados. Reprendo todos los espíritus relacionados o conectados y les ordeno que me dejen en el nombre de Jesús".

(Si las maldiciones han jugado un gran papel en los problemas de una persona, debes ordenar a los demonios que activan esas maldiciones que se vayan). Otra vez respira profundamente, etc.

Paso Nº 6

Atadura y herencia psíquica.

Oración para Romper toda Atadura

Lentamente:

"En el nombre de Jesucristo, renuncio a cada atadura demoníaca y me desato a mí mismo y a mis hijos de todo poder psíquico o atadura o cautiverio de enfermedad física o mental puesta sobre mí o mi línea familiar debido a mis padres o cualquier otro antecesor, aun desde la pasada cuarta generación y ordeno a tales espíritus que se vayan en el nombre de Jesús. Te doy gracias, Jesús, por hacerme libre".

Ordéneles que se vayan, etc.

Paso Nº 7

Todo Miedo y Fobias

Echa fuera todo temor por nombre; no actúes precipitadamente, espera discernimiento, por ejemplo "espíritu que me hace tener miedo a algo bajo mi cama". Pida al aconsejado nombrar todos sus temores.

Paso Nº 8

Lujuria y todo pecado relacionado; ligaduras malas del alma por relaciones sexuales con (nombres de las personas), especialmente súcubos e íncubos. Estos dos espíritus inmundos usualmente visitan a hombres y mujeres durante la noche. Los súcubos son demonios que se personifican como mujeres con el propósito de seducir a los hombres para que tengan relaciones sexuales. Los íncubos son demonios que se personifican en hombres y que seducen a las mujeres para que tenga relaciones sexuales. (ver la lista para obtener otros). Varios tipos de perversiones, voyerismo, etc.

Renuncia y Limpieza de Todo Pecado y Perversión Sexuales

Lentamente:

Padre Celestial, vengo a ti en el nombre del Señor Jesucristo. Creo que la sangre de Cristo Jesús me limpia de todo pecado. Reclamo libertad de toda impureza de naturaleza sexual que venga a través de mis ojos, oídos, mi mente o a través de una real participación en fantasías o actos pecaminosos.

Especialmente, confieso lo siguiente: Estar absorto en deseos y apetitos sensuales e indulgencias a éstos: todo anhelo y deseo ardiente por lo prohibido (concupiscencia maligna); todo afecto desordenado, toda pasión y deseo perverso e irrefrenado; toda participación o promoción de aquello que tienda a producir emociones obscenas y que adopte pecado sexual y lujuria.

De antemano confieso toda comunicación inmunda, lenguaje obsceno y sucio, conversaciones y chistes; música lujuriosa y obscena, baile, poesía, literatura y arte lascivos; toda pornografía; todo hecho de sodomía; adulterio; inmoralidad; fornicación; masturbación; también todo afecto o apego a filosofías, religiones y estilo de vida que glorifiquen, promuevan y conducen a conductas sexuales de pensamiento, palabra o hecho contrarias a las normas para los creyentes dadas en la Palabra de Dios.

Además, renuncio a la expresión de estas filosofías, religiones y estilos de vida en los medios de comunicación (televisión, cine, revistas, etc.), arte, literatura, prácticas y actitudes públicas. Señor, pido que tu Espíritu me revele otras faltas sexuales que he cometido en mi vida.

(Permíteles que mencionen algunos),

Renuncio al príncipe del sexo oculto y le ordeno a todos esos demonios que se vayan de mí ahora mismo. En el nombre de Jesucristo reclamo todo terreno que alguna vez le haya dado a Satanás en espíritu, alma y cuerpo. Dedico todo mi ser a ti, Cristo Jesús, para ser usado sólo para tu gloria. Quiero que tu Santo Espíritu tome control de las facultades en cada área de mi vida, incluyendo todas mis funciones sexuales; que de ahora en adelante sean usadas sólo de acuerdo con tu voluntad. También te entrego todos mis afectos, emociones y deseos y pido que sean motivados y controlados por tu Santo Espíritu.

Ahora echa fuera todos estos espíritus y nómbralos según sea necesario.

Paso Nº 9

Rompe toda ligadura del alma:

Es una realidad que cuando Dios tiene algo bueno, el diablo trata de hacer una falsificación de ello. No puede haber un lazo más cercano al alma que un matrimonio santo. Las Escrituras declaran que los dos serán uno. El diablo ofrece la falsificación, que es el adulterio o fornicación. Una persona tiene una ligadura mala del alma con todos con quienes haya tenido relaciones sexuales. 1 Corintios 6:16 *"¿O no sabéis que el que se une con una ramera, es un cuerpo con ella? Porque dice: Los dos serán una sola carne".*

Debemos romper estas ataduras impías del alma con estas personas. Nuestra mente y alma, consintieron con estos hechos impíos. Los espíritus que entraron cuando hicimos estas cosas se deben echar fuera en el nombre de Jesús.

Debemos también romper la ligadura del alma con la persona que nos impulsó a las drogas y el ocultismo y con el hipnotizador que tuvo control de nuestra mente. Si hemos tenido transfusiones de sangre, debemos entonces, romper la atadura impía del alma con la persona que donó la sangre para nosotros, debido a que "la vida de la carne está en la sangre". Del mismo modo como podemos recibir una enfermedad al recibir sangre enferma dentro de nuestras venas, así también podemos recibir espíritus inmundos. Debemos echar fuera todo espíritu inmundo que haya venido a nosotros a través de estas ligaduras malas.

Oración para Romper Ligaduras Malas del Alma

En el nombre de Jesús, rompo toda ligadura del alma que sea impía que aún permanezca con personas de mi pasado. Renuncio a toda ligadura mala del alma que tuviera con _____ y con esta secta _____ también con _____ quien me guió al ocultismo, con el hipnotizador, con _____ quien me guió a las drogas, con_____ y _____ con quien tuve relaciones sexuales y con la persona de quien recibí sangre. Renuncio a estas ligaduras del alma y ordeno a los espíritus de todas estas ataduras del alma que me dejen en el nombre de Jesús. Ahora, le pido a mi Padre Celestial que reafirme el sagrado lazo del alma que tengo con mi cónyuge, hijo, hija y con el cuerpo de Cristo con el que me relaciono.

Nuevamente, respire profundamente, etc.

Paso N° 10

Rechazo, soledad, depresión, desesperanza, suicidio, auto-compasión, muerte.

De nuevo respire profundo, etc.

Oraciones para Sanar un Espíritu Herido y un Corazón Quebrantado

(Mientras guiamos LENTAMENTE a las personas con esta oración del caminar por la vida con Dios, paramos en cualquier punto de la oración cuando discernimos que hayan de echarse fuera demonios primero o que antes que nada, la persona deba perdonar a alguien. Hacemos esto en el momento de la concepción, en el vientre de la madre, en el parto, al ser un niño pequeño y como un adulto, etc. Adapte la oración a las necesidades del individuo).

DURANTE LA CONCEPCION

(La liberación probablemente tendrá que dar inicio durante estas oraciones y usualmente el llanto será la evidencia):

Lentamente:

"Amado Padre Celestial, Señor Jesús y Espíritu Santo: Ustedes estaban allí cuando fui concebido en el vientre de mi madre, ustedes saben si fui concebido por amor o en lujuria. Sáname ahora de todo lo que no provenga de ustedes, cualquier cosa que entró en ese momento de mi vida. Aun si mi padre o madre me rechazaron en ese momento, ustedes me amaron, quisieron que yo fuera concebido y nunca me han rechazado y nunca lo harán. Ustedes me amaron durante todo el tiempo que estaba siendo formado en el vientre de mi madre".

DURANTE LA FORMACION:

"Líbrame ahora de toda soledad, miedo al embarazo (mujeres), rechazo, sentimientos de no ser deseado, de no ser necesitado, de no ser amado, de cualquier contención entre mi hermano/a gemelo/a, de ofensa verbal y/o sexual de mi madre y de espíritu bastardo. Libérenme de cualquier atadura demoníaca que haya entrado en mí como resultado de intento de aborto o cualquier otra acción o actitud pecaminosa que haya permitido que los demonios entren en mí mientras estaba siendo formado en el vientre de mi madre. Ahora ordeno a estos espíritus, por nombre, que me dejen en el nombre de Jesús. Te pido, Señor Jesús, que sanes mi espíritu herido mientras estaba en el vientre de mi madre".

DURANTE EL PARTO:

(Algunos tuvieron un parto muy dramático y poco usual; ejemplo: el cordón umbilical que los ahogaba o cualquier otro evento traumático que pudo suceder. Debe hacérsele frente a todos éstos y echar fuera a los demonios relacionados con ellos y sanar las heridas en el nombre de Jesús).

Lentamente:

Espíritu Santo, tú estabas conmigo cuando nací y cuando abandoné la seguridad del vientre de mi madre y cuando salí hacia este mundo. Tú conociste la frustración, presión y miedo a la muerte que estuvo en mi madre y en mí al nacer. Por favor, libérame de todo lo que no provenga de ti. Ordeno a todos estos espíritus inmundos que me dejen ahora mismo en el nombre de Cristo Jesús.

"Déjame saber, Señor, que me recibes y que me amaste en el momento de mi nacimiento. Aunque mi padre y mi madre pudieron haberme rechazado, aun así tú nunca lo hiciste ni cuando nací ni en ningún otro período de mi vida. Oh, Señor, por favor sáname ahora de todas las heridas de rechazo, todos los golpes, todas las heridas del pasado, aun cuando no las recuerdo".

COMO NIÑO Y COMO ADULTO:

Sana mi espíritu herido y golpeado, mi corazón quebrantado, aun cuando ocurrió siendo yo un niño pequeño, un adolescente, un joven adulto o como una persona madura. Gracias por amarme, Padre Celestial, Señor Jesús y Espíritu Santo.

Puede que necesites parar aquí y cubrir problemas específicos que la persona haya enfrentado durante su vida. Escucha detenidamente para recibir discernimiento del Espíritu Santo.

Luego, ordena a todos los siguientes que salgan en el nombre de Jesús.

Nota: Recuerda referirte a la lista detallada de espíritus en el apéndice.

Paso Nº 11

Anticristo, auto justificación, orgullo, rebelión, necedad.

Paso Nº 12

Enfermedad mental, esquizofrenia/doble ánimo, culpa, vergüenza, nerviosismo, inseguridad, paranoia, pensamientos obsesivos, estrés, tensión.

Paso Nº 13

Maledicencia, blasfemia, chisme, mentira, calumnia.

Paso Nº 14

Adicción, alcohol, cafeína, juego de azar, nicotina, drogas, glotonería, obesidad, compulsión.

IMPORTANTE: Ahora, ora por la llenura del Espíritu Santo y por todas las necesidades como fue indicado en los problemas con que tratamos hasta aquí.

Enséñales Cómo Mantener su Libertad

Como los demonios tratarán de regresar, debemos decirle a las personas cómo mantenerlos fuera. Ellos deben ser *llenos* del Espíritu Santo y aferrarse a la nueva tierra que Dios les ha dado. Recuerda cómo Dios le entregó a los israelitas la tierra, que estaba en manos de sus enemigos anteriormente.

"Poco a poco los echaré de delante de ti, hasta que te multipliques y tomes posesión de la tierra" (Exodo 23:30).

La gente debe ser instruida sobre cómo mantener la nueva tierra que les ayudamos a adquirir porque el enemigo tratará de tomarla de nuevo para sí. De tal forma, deberían sólo recibir la liberación que podamos ministrarles en una sesión, recordando que también debemos enseñarles cómo evitar que los demonios vuelvan a entrar en ellos. La mayoría de las siguientes estipulaciones son ampliamente tratadas en el Libro de Frank "Eight Keys to Spiritual and Physical Health" *(Llaves para Ministrar Liberación y Sanidad).*

1. Entrega total a Cristo, Mateo 22:37; Juan 12:26. A menos que la vida completa esté totalmente rendida a Cristo como Señor, entonces seguirá experimentando problemas de una vida guiada por la carne. Tales personas son presa de los demonios.

2. Negar la vida de sí mismo, la carne y abrazar la cruz. Considera tu naturaleza pecadora muerta con Cristo para derrotar el poder del pecado y de los problemas mentales. Mateo 10:38; 16:24; Lucas 9:23; 14:26; Filipenses 3:17-19; Romanos 5:10.

3. Obedecer a Dios en vez de trabajar para agradarle. Ser responsable ante alguien para que vele por tu vida, Hebreos 13:7 y 17; 1 Tesalonicenses 5:12.

4. Mantenerse en la Palabra de Dios a través de estudios de la Biblia, Salmo 1:1-3; 119:9,11,105,165.

5. Colocarse y mantenerse en la esencia de toda la armadura de Dios, Efesios 6:10-18.

6. Orar en todo tiempo; dar gracias, alabar y adorar, 1 Tesalonicenses 5:17; Salmo 100.

7. Mantener la comunión con personas que se ocupan del espíritu, Hebreos 10:24-25.

8. Frecuentemente hacer confesión positiva de fe tomando su Palabra acerca de la habilidad y del poder de Dios que está obrando en ti (Marcos 11:22-24; Romanos 10:8-10).

9. Recordar Lucas 10:19: *"He aquí os doy potestad de hollar serpientes y escorpiones, y sobre toda fuerza del enemigo, y nada os dañará".* Todos los demonios están sin poder mientras moras en la victoria de Cristo.

10. Nunca unirse con los incrédulos como dice 1 Corintios 6:14 al 7:1.

11. Memorizar y entender nuestra posición en Cristo, Zacarías 3:1-3,7; Gálatas 2:20.

12. Enfrentar rápidamente el pecado. Isaías 59:2; 1 Juan 1:9.

13. Perdonar y olvidar. Mateo 6:14-15; 7:1-2; 18:15-35; Hebreos 10:17.

14. Mantener su vida familiar en orden o restaurarla dentro del mandato divino; 1 Timoteo 3:3-13; Efesios 5:18-33; 6:1-4.

15. Someterse ustedes mismos a Dios. Resistir al diablo y él huirá de nosotros. Sometiendo toda las cosas de nuestra vida a Dios, resistiremos al diablo y le veremos huir. Santiago 4:7.

Chequeo Final:

Al finalizar ministrando a un grupo de personas, esto es, liberación masiva, el Espíritu Santo usualmente nos guía a ir de pies a cabeza como un chequeo final. Creemos que los espíritus inmundos a menudo moran en varias partes del cuerpo. Instruimos al grupo a colocar sus manos en el área afectada de su cuerpo que estamos tratando y a que repitan lo siguiente:

CABEZA — Ordeno a todo espíritu en mi cabeza que se vaya. Cualquiera que cause: derrames, daño cerebral, cáncer, tumores, quistes, coágulos sanguíneos, epilepsia, meningitis, enfermedad de Alzheimer, psicosis de todo tipo, esquizofrenia, paranoia, fobias de toda clase, doble ánimo, retraso, senilidad, alucinaciones, manías, locura, confusión, olvido, frustración, aplazamiento, demencia, esclavitud, preocupación, temor, pánico, ansiedad, tensión, presión, espíritus de ocultismo, espiritismo, satanismo, pesadillas, migrañas, dolores de cabeza, tormento mental, suicidio y (nombra tu propio tormento u otro problema en tu cabeza). ¡¡Fuera en el nombre de Jesús!!

Luego de echar fuera todos estos demonios, oramos por sanidad en esa parte de la cabeza en el nombre de Jesús.

OJOS — (Las manos sobre los ojos) — Le ordeno a cada espíritu en mis ojos que cause: ceguera, cataratas, glaucoma, astigmatismo, miopía, estrabismo y todas las enfermedades y debilidades de los ojos. Deseo de los ojos, pornografía, mal de ojo, hechicería, ojos resecos, (nombra tu propio problema). ¡Fuera en el nombre de Jesús! Ahora, ora por la sanidad de los ojos en el nombre de Jesús.

OREJAS (Las manos en las orejas) — Ordeno que salga a todo espíritu en mis orejas que cause: sordera, zumbido de oídos, sordera espiritual, problemas del oído interno, síndrome de Meniére, pérdida del equilibrio, confusión, espíritus mentirosos, espíritus de error, dolor de oído, infecciones del oído, (nombra tu propio problema del oído). ¡Fuera en el nombre de Jesús! Ahora ora por la sanidad de los oídos.

NARIZ — (Las manos en la nariz) — Echo fuera todo espíritu en mi nariz que cause: pérdida del olfato, nariz que sangre, sinusitis, pólipos, dificultad al respirar, (nombra tu propio problema). ¡Fuera en el nombre de Jesús! Ahora ora por la sanidad de la nariz en el nombre de Jesús.

BOCA — (Las manos en la boca) — Echo fuera todo espíritu en mi boca que cause: infección en las encías, caries en los dientes, cavidades, mala mordida, rechinamiento de dientes, úlceras cancerosas, úlceras en los labios, pérdida del sabor, tartamudeo, piorrea, sexo oral, espíritus serpientes, mal aliento, espíritus mentirosos, jurar, blasfemia, chistes/cuentos sucios, chisme, parlanchín, todos los espíritus de adicción, alcohol, vino, cerveza, drogas, tabaco, mudez, glotonería, (nombra los propios). ¡Fuera en el nombre de Jesús! Ahora ora: Boca, sé sana en el nombre de Jesús.

GARGANTA — (Las manos en la garganta) — Echo fuera cada espíritu en mi garganta que cause: catarros, virus, tiroides, bocio, laringitis, ganglios inflamados, pólipos, amigdalitis, mal funcionamiento de la epiglotis y las cuerdas vocales, (nombra tus propios problemas). ¡Fuera en el nombre de Jesús! Ahora ora: Garganta, sé sana en el nombre de Jesús.

ESPALDA — (Una mano en la parte posterior del cuello y la otra en la parte baja de la espalda) — Le ordeno que salga a cada espíritu en mi cuello y espalda que cause: dolor, invalidez, espalda inclinada, curvatura de la columna vertebral, artritis reumática, artritis, bursitis, esclerosis múltiple que afecte la espina dorsal, el sistema nervioso, la columna, las vértebras, (nombra tus propios problemas). ¡Fuera en el nombre de Jesús! Ahora ora: Cuello y espalda, sean sanos en el nombre de Jesús.

PECHO — (Las manos en el pecho) — Echo fuera todo espíritu en mi área del pecho que cause: Problemas cardíacos, problemas pulmonares, presión sanguínea anormal, latido cardíaco irregular, corazón agrandado, arterias obstruidas, cáncer del pecho, tumores, nacidos, quistes, enfisema, problemas respiratorios, desequilibrio en el recuento de células sanguíneas, (nombre tu problema). ¡Fuera en el nombre de Jesús! Ahora ora: Pecho, sé sano en el nombre de Jesús.

AREA DEL ABDOMEN — (abdomen bajo y alto) - (Las manos en el área del abdomen) — Echo fuera cada espíritu en mi abdomen que cause: mal funcionamiento y problemas en el hígado, bazo, páncreas, ganglios linfáticos, vejiga, riñones, tracto urinario, intestinos grueso y delgado, órganos reproductores y espíritus que quieran traer cáncer en estos órganos. Hemorroides, desviamientos, impotencia, esterilidad, (nombra los propios). Les ordeno que salgan en el nombre de Jesús. Ahora ora: Estómago, sé sano en el nombre de Jesús.

A menudo hemos encontrado espíritus de brujería que poseen los órganos reproductores. Les hemos ordenado que salgan en el nombre de Cristo Jesús, pactos de brujos que estaban en algunas mujeres y espíritus de magia en algunos hombres.

BRAZOS, PIERNAS, RODILLAS, TOBILLOS, PIES — (Las manos en el área que le concierne) — Echo fuera cada espíritu que cause: Ardor de pies, calambres, espasmos musculares, dolor, artritis, invalidez, agua en la rodilla, venas varicosas, arterias bloqueadas, mala circulación, uñas encarnadas, hongos, verrugas, callos, juanetes, arco caído, hinchazón de pies o tobillos, ampollas (nombra tus propios problemas). ¡Fuera en el nombre de Jesús! Ahora ora: brazos, manos, dedos, piernas, rodillas, tobillos, pies, sean sanos en el nombre de Jesús.

PROBLEMAS GENERALES DEL SISTEMA MULTIPLE — Cánceres, lupus, enfermedad del colágeno vascular, zoster, enfermedades del sistema inmunológico (como SIDA, leucemia, enfermedad de Hodgkin, linfomas, anemias u otros).

Nómbrate a ti mismo y di, mientras colocas tus manos desde la cabeza a los pies: "Sé sano de pies a cabeza. Y precioso Espíritu Santo, por favor entra en mí, toma el lugar de todos estos espíritus que hemos echado fuera y lléname todo de pies a cabeza de Ti. Amén y Amén".

Alabe a Dios de donde provienen
todas esas bendiciones. . .

Los comentarios de los lectores, añadiduras y sugerencias serán recibidas con gozo y aprecio. Nosotros somos aprendices también.

Apéndice

Los demonios comúnmente se encuentran en las siguientes agrupaciones:

Resentimiento

amargura	destrucción	ira
falta de perdón	violencia	mal genio
asesinato	venganza/represalia	
odio (de varias clases)		

Voluntad propia

rebelión	egoísmo	necedad/obstinación
desobediencia	falta de sumisión	

Contención

contienda	disputa	argumento
pelea	altercado	crítica

Control

dominio	posesión	hechicería
Jezabel	Acab	hijito/a de mamá

Represalia

destrucción	despecho	odio
sadismo	herida	crueldad
mutilación	rencor	

Acusación

juicio	crítica	señalar fallas
acusador		

Rechazo

autorrechazo	escapismo	aislamiento
temor al rechazo		

Inseguridad

inferioridad	soledad	autocompasión
timidez	huraño	ineptitud
inadecuación	celos	rechazo

Celos

envidia	sospecha	desconfianza
egoísmo	odio	

Abandono

escapismo	ensueño	fantasía
pretensión	irrealidad	rechazo
amorriñarse	enfurruñarse	

Escape

indiferencia	estoicismo	pasividad
somnolencia	alcohol	drogas
silencio		

Pasividad

cobardía	indiferencia	abatimiento
letargo	pereza	

Soledad

depresión	desesperación	desaliento
desánimo	derrota	abatimiento
desesperanza	suicidio	muerte
insomnio	morbosidad	pesadez
melancolía	agobio	disgusto
deseo de muerte		

Preocupación

ansiedad	miedo	pavor
aprehensión	timidez	

Nerviosismo

tensión	insomnio	hábitos nerviosos
inquietud	excitación	dolor de cabeza
vagancia		

Sensibilidad
pena   temor al hombre   desquite
miedo a la desaprobación

Persecución
injusticia   miedo al juicio   miedo a la acusación
sensibilidad   miedo a la reprobación
miedo a la condenación

Enfermedad mental
demencia   locura   manía
retraso mental   senilidad   esquizofrenia
paranoia   alucinaciones

Esquizofrenia
paranoia

Paranoia
celos   envidia   sospecha
desconfianza   persecución   temores
confrontación

Confusión
frustración   incoherencia   olvido

Duda
incredulidad   autoengaño   escepticismo

Indecisión
aplazamiento   compromiso   confusión
olvido   indiferencia

Autoengaño
autoseducción   orgullo   autocompasión

Mente atada
confusión   temor del   miedo al fracaso
espíritus de   hombre   espíritus de lo oculto
  espiritismo

Idolatría mental
intelectualismo   racionalismo   orgullo
ego

Temores (de toda clase)
fobias (toda clase)   histeria

Miedo a la autoridad
mentira   engaño   miedo al hombre

Orgullo
ego   vanidad   autojustificación
altivez   importancia   juicio
arrogancia

Afectación
teatro   comedia   falsedad
pretensión

Codicia
robo   cleptomanía   materialismo
avaricia   descontento

Perfección
orgullo   vanidad   ego
frustración   crítica   ira
juicio   irritabilidad   intolerancia

Competencia
controlador   argumento   orgullo
ego

Falsa carga
religiosidad   falsa compasión
falsa responsabilidad

Impaciencia
agitación   frustración   intolerancia
resentimiento   crítica

Aflicción
dolor   quebrantamiento de corazón
congoja   llanto   tristeza
crueldad

Fatiga
cansancio   agotamiento   pereza

Enfermedad
(cualquier enfermedad o desorden)

Herencia
(física)   (mental)   (emocional)
(maldiciones)

Muerte
suicidio   deseo de muerte

Hiperactividad
desasosiego   manipulación   presión

Maldición
blasfemia   chisme   crítica
calumnia   burla   menosprecio
insulto   bufonada

Adicción y compulsión
nicotina   alcohol   drogas
cafeína   glotonería   medicamentos

Glotonería
nerviosismo   ociosidad   autocondenación
resentimiento   indulgencia   odio de sí mismo
frustración   obesidad   autoacusación
premiarse a sí mismo   autocompasión
comer compulsivamente

Culpa
condenación   indignidad   vergüenza

Impureza sexual
lujuria   prostitución   incesto
masturbación   fantasías obscenas

adulterio   fornicación   homosexualismo
Moab   Quemos   lesbianismo
violación   exposición/exhibicionismo
frigidez   Incubos (espíritu macho)
Súcubo (espíritu hembra)
voyerismo (fisgonear)

Cultos
Hare-Krishna   Unitarismo   Ciencia Cristiana
Rosacrucismo   Teosofía   Urantia
Subud   Latihan   Unidad
Mormonismo   Bahaismo   testigos de Jehová

(Logias, sociedades y agencias sociales que usan la Biblia y a Dios como base, pero que omiten la sangre expiatoria de Jesús).

Ocultismo
Tabla ouija   hechicería   lectura de la palma
hechizos   magia blanca   magia negra
encantamientos   conjuros   santería
canalización   fetiches   escritura automática
análisis de la escritura   hipnosis
percepción extrasensorial   levitación
horóscopo   astrología   leer hojas de té
cartas de tarot   péndulo   mutilación
canibalismo   lectura de la fortuna
satanismo   galletas de la fortuna
Nueva Era   embrujo de agua
automutilación   proyección astral
Calabozos y Dragones
música de rock metálico (rock "duro")
espíritus asociados con películas de horror

Religiosidad
ritualismo   formalismo   legalismo
religiosidad   juicio   error doctrinal
seducción   miedo a Dios   miedo al infierno
obsesión doctrinal
miedo de perder la salvación

Espiritismo
guía espiritual   sesiones espiritistas
necromancia   espiritismo

Religiones falsas
budismo   taoísmo   hinduismo
islamismo   sintoísmo   confucionismo
error   anticristo   escarnio
Nueva Era

Libros Recomendados

"¿Puede un Demonio Poseer a un Cristiano?"
  —*Frank Marzullo*
"¿Puede un Cristiano Tener demonios?"
  —*Don Basham*
"Líbranos del Mal" —*Don Basham*
"Liberados para Declarar" —*Gabriele Trinkle*
"Llaves para Ministrar Liberación y Sanidad"
  —*Frank Marzullo*
"Libertad para Escoger" —*Ernest J. Gruen*
"Sanidad para el Corazón Quebrantado y el Espíritu
  Herido" —*Frank Marzullo*
"Garantía para Toda la Vida" —*Bill Gillham*
"Victoria sobre el Rechazo" —*Frank Hammond*
"Cerdos en la Sala" —*Frank Hammond*
"Búsqueda de Santidad" —*Jerry Bridges*
"Los 'Dentros' y 'Fueras' del Rechazo"
  —*Charles Solomon*
"El Síndrome del Rechazo" —*Charles Solomon*
"Los Tres Campos de Lucha Espiritual"
  —*Francis Frangipane*
"Atormentado" —*Ken y Nancy Curtis*
"Esta Patente Oscuridad" — *Frank E. Peretti.*